Wein mit allen Sinnen

verkosten, bewerten, genießen

Gérard Basset

Wein mit allen Sinnen

Mosaik

Ich widme dieses Buch meiner Frau Nina, ohne deren außerordentlich große Unterstützung und beständige Ermutigung ich das Buch nicht einmal zur Hälfte geschrieben hätte. Meinem kleinen Sohn Romané für sein aufmunterndes Lachen. Meinem Partner und Freund Robin Hutson für die kontinuierliche Unterstützung: Er hielt mir beruflich den Rücken frei, gab mir wertvolle Ratschläge und ist privat einfach ein wunderbarer Freund. Frances Barnes, die mich zu diesem Buch anregte und mich immer wieder zum Schreiben ermutigte. Und nicht zuletzt meinem Hund Merlot, der mir während unserer täglichen Spaziergänge im Wald die Zeit und Möglichkeit gab, der Inspiration freien Lauf zu lassen.

Titel der englischen Originalausgabe:
The Wine Experience, Gérard Basset
Text © 2000 Gérard Basset
Photography © 2000 Tim Winter except those listed on p. 192
Veröffentlicht von Kyle Cathie Limited 2000

Alle Rechte der deutschsprachigen Ausgabe:
© 2001 by Mosaik Verlag in der Verlagsgruppe FALKEN/Mosaik,
einem Unternehmen der Verlagsgruppe Random House GmbH,
65527 Niedernhausen/Ts.   5 4 3 2 1

Übersetzung:
Bibiana Behrendt, Oettingen (S. 5–42, 54–61, 184–189) und
Ulrich Schweizer, CH-Diessenhofen (S. 42–53, 62–183, 192)
Redaktion: Sabine Rumrich, Nieder-Olm
Koordination und Schlussredaktion: Regine Gamm
Layoutanpassung für die deutsche Ausgabe: Christina Dinkel,
Wiesbaden
Satz: Filmsatz Schröter GmbH, München
Umschlaggestaltung: Heinz Kraxenberger, München

Druck und Bindung: Tien Wah Press, Singapur

ISBN 3-576-11614-1

Inhalt

Obwohl ich in Frankreich aufgewachsen bin, bin ich vor meiner Übersiedlung nach England mit Mitte zwanzig kaum intensiver mit Wein in Kontakt gekommen. Meine Familie trank vorwiegend Landweine, oftmals mit Wasser gestreckt, und auch die Eltern meiner damaligen Freunde hatten keinerlei Verhältnis zum Wein. Genauer gesagt, ergab sich der einzige nähere Kontakt zum Thema durch das Fernsehen, wenn bei der Übertragung der Tour de France gelegentlich eine Etappe durch berühmte Weinberge führte.

Meine Liebe zum Wein verdanke ich Victor, einem Restaurantmanager, der mich als jungen Kellner kurzerhand zum Weinkellner – zum Sommelier – machte, weil ich der einzige Franzose in seinem Team war. Fest entschlossen, mich des erwiesenen Vertrauens würdig zu erweisen, nahm ich meine neue Rolle mehr als ernst und stürzte mich auf eine lange Entdeckungsreise in die Welt des Weins. Das Restaurant lag in Lyndhurst im südenglischen New Forrest und besaß eine ganz ordentliche Karte mit Weinen aus verschiedenen Ländern. Ein Franzose, der seine Weinkenntnisse in England erworben hat – das mag auf den ersten Blick überraschen; aber wenn man bedenkt, wie viele Weine in Großbritannien erhältlich sind, sind die Voraussetzungen hier gar nicht mal so schlecht.

Quereinsteiger wählen nicht immer den besten und schnellsten Weg zum Ziel, und so war es auch bei mir. Zu Beginn las ich sehr viel über Wein, und schon bald konnte ich mit großer Genauigkeit Karten der Weinregionen aufzeichnen und die Namen der dort angebauten Rebsorten herunterbeten. Allerdings war ich nicht in der Lage, den Geschmack dieser Weine zu beschreiben, denn ich verkostete viel zu wenig. Während meines ersten Sommelier-Wettbewerbs wurde mir denn auch schlagartig bewusst, wie bruchstückhaft mein Weinwissen tatsächlich war. In der Theorie schlug ich mich für einen Anfänger zwar erstaunlich gut, aber beim Verkosten bot ich bestenfalls Mittelmaß. Ich war nur zufällig auf diesen Wettbewerb gestoßen, aber einmal dabei, gefiel mir die Spannung und Aufregung einer derartigen Konkurrenzsituation. Da aber das Degustieren einen wesentlichen Bestandteil solcher Wettbewerbe darstellt, musste ich hier sehr viel besser werden, um überhaupt jemals eine Gewinnchance zu haben.

Schon bald entwickelte sich das Verkosten vom Mittel zum Zweck zur eigentlichen Leidenschaft. Ich hielt nach Büchern und Ausbildungsangeboten auf diesem Gebiet Ausschau, probierte Weine unter Anleitung erfahrener Verkoster – kurz, ich tat alles, um mein Urteilsvermögen zu schärfen. Was Wunder, dass mit zunehmender Erfahrung auch meine Freude am Degustieren wuchs.

Rebbau und Kellertechnologie werden ständig verbessert. Infolge davon entstehen neue Aromen, neue

Einleitung

Geschmacksrichtungen, sodass auch unser Weinwissen und die Sprache, die wir dafür finden, sich ständig weiterentwickeln. Für mich hält jede Weinprobe, jede Verkostung Überraschungen bereit: neue Geschmackseindrücke und Weinentdeckungen.

Als ich die Prüfungen zum Master of Wine bestand, erhielt ich die vom Champagnerhaus Bollinger gestiftete Medaille für den besten Verkoster des Jahrgangs. Das war eine große Ehre für mich, vor allem in Anbetracht meiner bescheidenen Anfänge. Doch selbst in diesem Moment war mir bewusst, dass ich mich immer noch weiter verbessern kann und muss.

Nach so vielen Jahren der intensiven Beschäftigung mit Degustation möchte ich meine Leidenschaft mit anderen teilen und habe deshalb dieses Buch geschrieben, das alle Aspekte der Weinverkostung beleuchtet, von den Grundlagen bis hin zu kontrovers diskutierten Themen. Weil es mir vor allem um die Nachvollziehbarkeit für interessierte Anfänger und bereits fortgeschrittene Verkoster ging, habe ich auf komplizierte Fachausdrücke so weit wie möglich verzichtet.

Ich erwarte nicht, dass jeder Leser meine Ansichten teilt, aber ich wäre vollauf zufrieden, wenn dieses Buch seine Leser dazu ermutigen würde, immer wieder selbst die Probe aufs Exempel zu machen und das ganz und gar sinnliche Vergnügen des Weinverkostens für sich zu erkunden.

Kapitel 1

Wein verkosten

Wein verkosten unterscheidet sich vom Weintrinken wie konzentriertes Zuhören vom bloßen Hinhören. Das Trinken ist ein natürlicher Vorgang, man tut es einfach, ohne viel darüber nachzudenken. Die Weinprobe verlangt hingegen eine ganz andere Aufmerksamkeit. Jeder Weinfachmann weiß das natürlich, aber auch der Weinfreund kann auf diese Weise sein gelegentliches Glas Wein intensiver genießen.

Die Bewertung von Charakter und Qualität eines Weins ist für Profis Routine: Weinerzeuger probieren während der Vinifikation regelmäßig ihre Jungweine, um deren Entwicklung zu beurteilen und gegebenenfalls einzugreifen. Beispielsweise erkennen sie durch stetes Verkosten, wann ein junger Rotwein genügend Holztöne aus dem Eichenfass aufgenommen hat und bereit ist, in Edelstahltanks auszureifen.

Weinhändler nehmen häufig an Verkostungen teil, entweder um Weine auszuwählen oder sie per Verkostung ihren Kunden vorzustellen.

Sommeliers hätten große Schwierigkeiten, den Gästen im Restaurant Weine zu empfehlen, die sie nicht selbst probiert haben.

Und auch Weinautoren kämen bei ihren gelegentlich lyrischen Ergüssen ziemlich in die Bredouille, wenn sie die Weine, die sie beschreiben, zuvor nicht verkostet hätten.

Die Weinprobe ist so unverzichtbar und wichtig, dass in den frühen Siebzigerjahren des 20. Jahrhunderts in Frankreich mit dem so genannten ISO-Glas sogar ein offizielles Verkostungsglas entwickelt wurde. Es dient nicht nur dem Zweck, den Verkostern ein optimales Werkzeug anzubieten, sondern auch eine gleiche Ausgangsbasis für alle Beteiligten einer Weinprobe zu schaffen.

Natürlich kann Wein auch ohne sensorische Probe sehr genau analysiert werden. Dazu gibt es eine ganze Reihe technisch aufwendiger Instrumente, mit denen sich die Bestandteile ermitteln und messen lassen. Laboranalysen sind besonders wichtig, um eventuelle Probleme bei der Vinifikation aufzuspüren. Ist beispielsweise der Gehalt an flüchtigen Säuren geringfügig erhöht, kann das auf eine bakterielle Verunreinigung hinweisen. Hinzu kommt, dass die Menge bestimmter chemischer Substanzen, wie etwa Schwefeldioxid, aus rechtlichen Gründen kontrolliert werden muss, da hierfür Grenzwerte bestehen.

Die Zusammensetzung eines Weins bietet Fachleuten eine recht genaue Vorstellung von Weintyp und Ausbauart. Das Analyseergebnis kann jedoch die tatsächliche Verkostung nicht ersetzen, weil es nichts darüber aussagt, ob ein Wein o. k., gut oder gar außerordentlich im Geschmack ist.

Sinn und Zweck

Geschmackssache

Tatsächlich können die Analysewerte zweier Weine nahezu identisch sein, und trotzdem schmeckt der eine besser als der andere. Denken Sie an Autos. Technische Informationen weisen auf die Fahrzeugklasse hin, und eine genaue Inspektion erteilt Auskunft über den Zustand des Wagens. Doch nur, wenn man das Auto fährt, kann man sich ein Urteil über Komfort und Sportlichkeit des Fahrzeugs erlauben.

Weine beurteilen

Informationen über die zahllosen Weine auf dem Markt sind vergleichsweise leicht zugänglich. Bücher, Zeitschriften, Zeitungen, das Fernsehen, das Internet und nahezu jede andere Medienform tragen dazu bei. Trotz dieser vielfältigen Informationsquellen fehlen manchem die Grundlagen in Sachen Weinverkosten, um die theoretische Seite sinnvoll zu ergänzen. Es gibt so viele Gäste, die sich im Restaurant unwohl fühlen, wenn sie zum Probieren des eben bestellten Weins aufgefordert werden. Sie sind sich ihres Urteils nicht sicher: Ist der Wein nun in Ordnung oder hat er irgendwelche Fehler? Auch in einem weniger formellen Kontext schadet Verkostungskompetenz nicht. Bei einer privaten Einladung kann ein durchschnittlicher Wein (und durchschnittlich bezieht sich hier nicht unbedingt auf den dafür bezahlten Preis!) ein ansonsten perfektes Essen ruinieren.

Ein neues Genusserlebnis

Kompetenz in Sachen Weinverkosten ist nicht nur nützlich, sondern stellt den Schlüssel für ein ganz neues Genusserlebnis dar. Ein wenig gleicht das Beherrschen der Verkostungstechniken dem Schwimmenlernen – wer die Kunst letztendlich meistert, dem öffnen sich ganz neue Welten. Zumal die aufrichtige Würdigung eines Weins nichts mit Besserwisserei oder Snobismus zu tun hat!

Die Grundprinzipien der Degustation sind schnell erfassbar. Es ist erstaunlich, wie schnell man sie erlernt, wenn man denn will. Natürlich sage ich damit nicht, dass man in kürzester Zeit so geistreich und kompetent über Wein schreiben kann wie der Weinjournalist Oz Clarke oder ein Experte wie der bekannte Weinkritiker Robert Parker werden könnte. Einige wenige Tanzstunden machen ja auch keinen Fred Astaire oder eine Ginger Rogers aus einem, aber sie würden zumindest zu mehr Sicherheit und einer ganz anderen Gewandtheit auf dem Parkett verhelfen.

Die Weinprobe

Aber kommen wir zur Praxis des Weinverkostens und der Organisation einer Weinprobe. Schließlich werden Sie mit zunehmender Erfahrung nicht nur selbst Weine verkosten, sondern vielleicht auch einmal Gäste zum Probieren einladen wollen.

Im Grunde könnte man eine Weinprobe überall organisieren, man braucht nur eine Flasche Wein, einen Korkenzieher und ein Glas. Doch so, wie es sich besser auf Parkettboden in geeigneter Kleidung tanzt, ist auch das Weinverkosten effektiver, wenn einige einfache Voraussetzungen stimmen. Der Ort der Verkostung sollte in jedem Fall gut beleuchtet sein, ob durch Tages- oder Kunstlicht spielt keine Rolle, leicht fluoreszierendes Licht kann jedoch die Weinfarbe verfälschen.

Jacques Puisais, ein französischer Önologe, hat in einer Versuchsreihe nachgewiesen, wie die Farben eines Raums unseren Geschmackssinn beeinflussen. Kurz gefasst: Helle Farben sind besser als dunkle, da diese die Farbbeurteilung erschweren, während ein zu helles Umfeld ablenken und die Konzentration des Verkosters beeinflussen kann.

Der Raum sollte gut gelüftet sein, um abgestandene Luft und Fremdgerüche zu neutralisieren, sodass sich die Verkoster vollkommen auf das Weinaroma konzentrieren können. Eine Degustation in der Nähe eines Käsebretts oder in einem frisch gestrichenen Raum wäre dementsprechend nicht eben ideal. Die Zimmertemperatur sollte bei 18–22 °C liegen. Die meisten Tester bevorzugen eher kühle Raumtemperaturen, da die Körpertemperatur unter dem Einfluss des Weinalkohols ohnehin leicht ansteigt. In einem zu kalten Raum ist das Verkosten allerdings wenig angenehm, auch nicht bei Sommerhitze. Ein großer Raum ist keine zwingende Voraussetzung, dennoch sollte jedem Verkoster genügend Platz zur Verfügung stehen. Wein verkosten ist Konzentrationssache und dazu gehört die nötige Ruhe, Lärm ist also, so weit es geht, zu vermeiden.

Sehr aufwendig ausgestattete Verkostungsräume finden sich in modernen Weinbauschulen. Im Regelfall hat hier jeder Verkoster seinen eigenen Arbeitsplatz mit Wasseranschluss und Profi-Ausstattung. Da diese Verkostungsräume sehr funktional und fast klinisch wirken, werden sie hauptsächlich von Chemikern und Weinbauingenieuren genutzt.

Der Ort

Das Weinglas

Wichtigstes Zubehör bei der Weinverkostung ist das Weinglas. Es gibt wie gesagt ein offizielles Verkostungsglas, das im Weinfachhandel erhältlich ist. Zudem kommen regelmäßig neue Gläser auf den Markt, gezielt für verschiedene Weintypen designed. Gute Beispiele sind die Glasserien der deutschen Firmen Schott-Zwiesel und Spiegelau, auch der österreichische Glasdesigner Georg Riedel ist für seine Spezialgläser bekannt. Nun muss man nicht unbedingt teure Weingläser zum Verkosten kaufen, aber einige Grundvoraussetzungen sollten auch schlichtere Gläser erfüllen.

Ein gutes Weinglas hat einen Stiel. Er sorgt dafür, dass die Finger nicht den Kelch berühren und dort Abdrücke hinterlassen, die den optischen Eindruck des Weins beeinflussen. Außerdem kann die Handwärme die Weintemperatur verändern. In einem Glas mit Stiel lässt sich Wein gut schwenken (das Schwenken ist ein wichtiger Aspekt des Weinverkostens, vgl. Kapitel 3, Verkostungstechnik, Seite 55 ff.). Der Kelch sollte tulpenförmig sein oder sich am oberen Ende verjüngen. Diese Form konzentriert die Aromen im Glas, minimiert die Beeinflussung durch externe Duftstoffe und erleichtert das Schwenken.

Das Glas sollte durchscheinend und dünnwandig sein. Viele Weingläser sind aus dickem, geschliffenem und gelegentlich gefärbtem Glas hergestellt, was die optische Beurteilung des Weins im Glas eher verhindert als fördert. Zudem schmeckt Wein aus einem dünnen Glas besser, was daran liegen mag, dass der Wein leichter auf die Zunge und in den Gaumen fließen kann.

Die Glasgröße sollte so bemessen sein, dass bei einer Füllmenge von einem Drittel ausreichend Wein für die Verkostung enthalten ist und gleichzeitig die Gefahr des Verschüttens beim Schwenken minimiert wird. Die optimale Füllmenge liegt zwischen 250 und 350 ml, wobei das offizielle ISO-Verkostungsglas etwa 215 ml fasst. Ein derartiges Glas ist weder zu klein noch zu groß und ist auch im Alltag ideal verwendbar.

Die Ausstattung

Weingläser sollten sofort nach Gebrauch gespült werden, weil man so mit weniger Spülmittel auskommt. Dabei geht es mir nicht um Sparsamkeit: Spülmittelreste können im Glas zurückbleiben und beim nächsten Gebrauch Aussehen und Geschmack des Weins negativ beeinflussen.

Verwenden Sie reichlich heißes, klares Wasser mit nur einem Hauch Spülmittel und spülen Sie gründlich nach. Einige Fachleute sind aus hygienischen Gründen gegen das Polieren des Glases mit einem Tuch aus Leinen. Meiner Meinung nach erzielt man aber nur so den richtigen Glanz. Ich benutze zwei Gläsertücher aus reinem Leinen, die so gut wie gar nicht fusseln. Mit dem ersten wird das Glas getrocknet, mit dem zweiten poliert. Natürlich können selbst sauber aussehende Geschirrtücher bakteriell verunreinigt sein, aber ich halte das Risiko für sehr klein. Aufgrund seines relativ hohen Säure- und Alkoholgehalts ist Wein kein guter Nährboden für gesundheitsschädliche Mikroorganismen. Sobald er ins Glas fließt, findet eine Art natürlicher Sterilisation statt. Außerdem können Krankheitserreger nicht nur im Stoff, sondern praktisch überall sein.

Gläser sollten nicht in Pappkartons aufbewahrt werden, weil sie dort womöglich den typischen Geruch von Pappe oder gar einen Muffton annehmen. Man kann die Gläser in Kartons lagern, sollte sie vor Gebrauch aber gründlich ausspülen. Am besten riecht man vor dem Einschenken des Weins zunächst in das Glas hinein. Das Ausspülen verhindert, dass Fehltöne dem Wein angelastet werden, obwohl sie eigentlich aus dem Glas stammen.

Wie viele Gläser man benötigt, hängt von der Art der Verkostung und der Anzahl der Tester ab. Die Weinprobe kann in Form einer moderierten oder unmoderierten Runde ablaufen. Bei diesem Typ der Verkostung geht es um direkte Vergleiche zwischen den einzelnen Weinen, sodass es wichtig ist, jedem Tester für jeden Wein ein eigenes Glas zur Verfügung zu stellen. Bei 8 Weinen und 15 Verkostern werden also insgesamt 120 Gläser benötigt. Bei offenen Verkostungen, etwa auf einer Weinmesse, ist die Zahl der Weine in der Regel viel größer. Meistens werden einige hundert Weine vorgestellt, und obwohl kein Tester alle verkosten muss, probiert er doch eine ganze Menge. Bei dieser Form der Degustation ist deshalb ein Glas pro Tester ausreichend, dazu einige Reservegläser. Die meisten Verkoster behalten ihr Glas während der Veranstaltung und spülen es nur zwischendurch mit etwas Wasser aus, nachdem sie ihre Eindrücke notiert haben.

Der Tastevin

Lassen Sie mich kurz auf ein Gefäß zu sprechen kommen, das speziell zum Zweck der Weinverkostung geschaffen wurde, obwohl es sich dabei nicht um ein Glas handelt. Der so genannte *Tastevin* gleicht einer flachen Schale und ist meist aus Silber gefertigt. Da er sich nicht so gut wie ein Glas für die Weinbeurteilung eignet, wird er nur noch von einigen wenigen traditionsbegeisterten Weinerzeugern benutzt. Er ist aber durchaus hilfreich, wenn man in einem dunklen Keller die Tiefe der Weinfärbung erkennen möchte und die mit Wein benetzte Schale gegen Kerzenlicht hält. Da Silber wenig empfindlich ist, kann der Tastevin zudem ohne Bruchgefahr transportiert werden.

Dieses dekorative Objekt ist dank seiner Tradition häufig Teil im Emblem zahlreicher Weinorganisationen. Halten Sie mich ruhig für einen Romantiker, aber ich finde es schade, wenn ein Tastevin als Aschenbecher zweckentfremdet wird.

Korkenzieher

Als Nächstes wird ein guter Korkenzieher benötigt. Es gibt sie in großer Vielfalt im Handel, und die wahren Aficionados besitzen erstaunliche Sammlungen. Über Korkenzieher könnte man allein ein Buch schreiben, aber ich möchte hier nur die Klassiker vorstellen.

Der Taschenkorkenzieher der Firma Screwpull ist ebenso leicht zu handhaben wie das Standardmodell. Die endlose, mit Teflon überzogene Spirale gewährleistet, dass nur sehr wenig Kraft benötigt wird, um den Korken aus der Flasche zu ziehen. Die Länge der Spirale reicht auch für die längsten Korken aus, kürzere können allerdings durchstoßen werden. Die

Einzelteile sind gut zu transportieren und einfach zusammenzusetzen. Von Screwpull gibt es auch ein Hebelmodell, den so genannten *Leverpull*, mit dem sich eine große Anzahl Flaschen schnell öffnen lässt. Er eignet sich nicht für sehr alte Weine, weil durch die abrupte Hebelbewegung das Depot am Flaschenboden aufgewirbelt werden kann.

Das klassische Kellnermesser wird oft wegen seiner schwierigen Handhabung kritisiert, aber bei Verwendung eines guten Fabrikats und mit etwas Übung ist es gar nicht so schwer, den Korken mit wenig Kraftaufwand herauszuziehen. Ein gutes Kellnermesser hat eine nicht zu dicke Spirale, die den Korken gut fasst, ohne ihn zu brechen, und die lang genug ist, um die Kraftübertragung zu optimieren. Es gibt viele preiswerte Modelle, die entweder zu dicke oder zu kurze Spiralen haben oder bei denen der falsche Abstand zwischen Spirale und Hebel einen ungünstigen Winkel erzeugt. Deshalb sollte man beim Kauf eines klassischen Kellnermessers nicht sparen. Als Rolls-Royce unter den Kellnermessern gilt das *Chateau-Laguiole*, praktisch ist aber auch ein Modell, bei dem der Hebel, den man auf den Flaschenhals aufsetzt, in zwei Stufen funktioniert,

eine zum Anheben, die zweite zum Herausziehen des Korkens.

Weniger bekannt ist der Korkenzieher *Puig-Pull*, der nach seinem Erfinder Puig benannt wurde. Mit diesem Einhand-Modell lässt sich der Korken dank einer durch ein Zahnsystem bewegten Spirale sehr sanft herausziehen.

Der letzte Korkenzieher, den ich hier erwähnen möchte, ebenfalls ein Klassiker, besteht aus zwei parallelen Klingen mit Griff oben, die zwischen Flaschenhals und Korken geschoben werden und dabei den Korken vorsichtig in die Zange nehmen, sodass er sich durch leichtes Drehen herausziehen lässt. Dadurch gelangen keine Korkbrösel in den Wein, andererseits gehört etwas Übung dazu, die Flasche durch das gleichzeitige Hin- und Herbewegen des Korkens beim Herausziehen zu öffnen.

Die Kapsel sollte stets sauber unter dem Kragen des Flaschenhalses abgeschnitten werden. Dadurch kann der Wein beim Ausschenken nicht mit der Kapsel in Berührung kommen, was besonders bei länger gelagertem Wein unangenehm ist, wenn sich Moder zwischen Kapsel und Flasche gebildet hat. In diesem Fall sollte die Kapsel großzügiger abgeschnitten und

der Flaschenhals zunächst gründlich gesäubert werden, um Verunreinigungen des Weins zu verhindern.

Als Objekt zwar nicht gerade aufregend, aber sehr sinnvoll: Spuckeimer sollten bereitgestellt werden, da die Verkoster nach dem Ende der Probe ansonsten mehr heimwanken als gehen würden. Zu diesem Zweck gut geeignet sind Sektkühler, aber auch andere Behälter sind nutzbar. Sie dürfen recht groß, tief und unten möglichst mit Sägespänen oder Haushaltspapier ausgelegt sein, um Spritzer zu vermeiden. Am besten an einer sicheren Stelle aufstellen und regelmäßig leeren. Für eine kleine Verkostungsgruppe ist ein Spuckeimer pro Person ideal, bei größeren Proben teilen sich mehrere Tester ein Behältnis.

Professionelle Degustationsblätter oder Blanko-Papier sollten bei jeder Verkostung bereitliegen. Blanko-Papier dient nicht nur dazu, sich Notizen zu machen; hält man sein gefülltes Glas schräg dagegen, lässt sich die Farbe des Weins prima beurteilen. Bei formelleren Verkostungen hat jeder Tester seinen festen Platz und kann sich mehr Zeit für den einzelnen Wein nehmen. In diesem Fall haben sich vorgedruckte Degustationsblätter bewährt. Darauf sollte der Wein mit seinen spezifischen Daten vorgestellt wer-

den und eventuell weitere Informationen vermerkt sein, wie zum Beispiel Preise oder der Name des Händlers, bei dem der jeweilige Wein zu beziehen ist. (Zu den Verkostungsnotizen vgl. Kapitel 6, Seite 137 ff.)

Neben den vorgegebenen Rubriken sollte auf dem Degustationsblatt genügend Platz für persönliche Kommentare bleiben. Hilfreich ist die Einteilung des Degustationsblatts in Spalten mit den Überschriften Aussehen, Duft, Geschmack und Gesamteindruck. Bei weniger formellen Verkostungen sind Verkostungsblätter ebenfalls wünschenswert, hier braucht man allerdings nicht so viel Platz für weitere Notizen einzuplanen, insbesondere wenn viele Weine probiert werden. Für Weinproben im Stehen erweisen Klemmbretter als Schreibunterlage nützliche Dienste. Denken Sie auch an einige Kugelschreiber als Reserve.

Stilles Wasser sollte stets zur Verfügung stehen, um Gläser durchzuspülen und den Gaumen zwischen unterschiedlichen Weinen zu klären. Vor allem beim Wechsel von einem Weintyp zum nächsten ist diese Vorgehensweise sinnvoll, beispielsweise wenn nach einer Reihe leichter die schwereren Rotweine angegangen werden. Zwischen zwei Weinen der gleichen Gruppe, die miteinander verglichen werden, kann das Wasser allerdings die Wahrnehmung verändern. Brot oder Grissini zwischendurch werden ebenfalls geschätzt.

Für eine Verkostung am Tisch eignen sich weiße Tischdecken am besten, weil sie die Farbe des Weins optimal zur Geltung bringen.

Bei einer Verkostung im Stehen werden die Weine auf Tischen präsentiert, die aus Sicherheitsgründen über eine gewisse Standfestigkeit verfügen und nicht zu voll gestellt sein sollten.

Es gibt keine strikten Regeln, welche Weine man bei einer Weinprobe präsentieren kann. Dennoch bietet es sich an, der Verkostung ein Thema zu geben. Der Vergleich zweier ähnlicher Weinstile ist dabei ein Klassiker: etwa Barbaresco gegen Barolo. Ein Jahrgangsvergleich innerhalb bestimmter Anbauregionen ist ebenfalls beliebt und wird in Deutschland zum Beispiel regelmäßig durch den Verband Deutscher Prädikatsweingüter durchgeführt. Querverkostungen bei Weinhändlern dienen meist der Sortimentspräsentation. Die Möglichkeiten sind vielfältig, aber in der Regel sind thematisch ausgerichtete Verkostungen interessanter.

Eine Verkostung, bei der die Teilnehmer an Tischen sitzen, ist dann angezeigt, wenn die Zahl der zu probierenden Weine nicht mehr als 15 beträgt. Bei mehr Weinen wird es schwierig, ausführliche Notizen zu machen. Auf größeren Proben zu einem weit gefassten Thema gehen die Verkoster von Tisch zu Tisch, hier ist die Anzahl der Weine davon abhängig, was der Veranstalter präsentieren möchte.

Eine Flasche Wein enthält etwa 12 bis 15 Verkostungsproben. Kennt man die Anzahl der Teilnehmer und der Weine bei einer gesetzten Verkostung, lässt sich die benötigte Zahl Flaschen je Sorte leicht kalkulieren. Werden viele Weine offeriert, probiert sicherlich nicht jeder Tester von jedem Wein.

Die Weine

In jedem Fall sollten Sie einige Flaschen in petto haben für den Fall, dass eine oder mehrere Kork haben. Es erstaunt mich immer wieder, wenn ich bei einer Verkostung höre: »Tut uns Leid, aber von diesem Wein können Sie nur einen winzigen Schluck probieren, die zweite Flasche hatte Kork.« Bei sehr seltenen Weinen mag das ja angehen, doch ansonsten sollte man dafür sorgen, dass von jedem Wein mehrere Exemplare vorhanden sind, insbesondere wenn die Teilnehmerzahl größer ist. Man muss ja nicht jede Reserve-Flasche vorher öffnen.

Weine sollten bei einer optimalen Trinktemperatur serviert werden. Wenn die Verkostung nicht in Ihren eigenen vier Wänden stattfindet, kann es unter Umständen schwierig sein, die Temperatur des Weins konstant zu halten. Kühlschränke funktionieren nicht immer, wie sie sollen, oder sind zu klein, um alle Flaschen aufzunehmen. Zuweilen sind Räume auch überheizt. Deshalb ist es ratsam, bei der Buchung eines Verkostungsraums die Räumlichkeiten zu inspizieren und Kühlschrank, Raumtemperatur und Eisbereitungsmöglichkeiten zu checken. Gerade bei einer Degustation im Stehen werden die Weine über einen längeren Zeitraum hinweg verkostet und sollten stets die gleiche Trinktemperatur haben. Ideal sind für Weißweine 10–14 °C und 14–18 °C für Rotweine.

Noch eine Anmerkung zur Temperierung: Die Kombination aus Kühlschrank und Sekt- oder Weinkühler ist zur Temperierung von Weißweinen gut geeignet, allerdings muss man die Flaschen regelmäßig herausnehmen, um nicht Gefahr zu laufen, dass sie zu kalt oder zu warm werden.

Jede Flasche sollte vorverkostet sein, um Weine mit einem Fehler gegebenenfalls austauschen zu können (vgl. Kapitel 4, Weinfehler, Seite 96 ff.). Unter den möglichen Fehlern ist Korkgeschmack der häufigste. Zwar wird an der Lösung dieses Problems emsig gearbeitet, aber noch muss man leider bei Verkostungen damit rechnen, auf so genannte *Korkschmecker* zu stoßen.

Sie sollten nur dann zu einer Verkostung gehen, wenn Sie sich körperlich und geistig fit fühlen. Erkältet oder mit Migräne kann man dem Wein nicht gerecht werden. Auch private Sorgen vermindern zwar nicht die Verkostungsfähigkeit, wohl aber die Konzentration auf den Wein. Schlecht ist auch der Genuss von stark gewürzten Speisen, Gin oder schwarzem Kaffee direkt vor der Weinprobe, da diese intensiven Aromen sehr lange »nachschmecken«. Die beste Zeit für eine Verkostung ist kurz vor dem Essen, wenn man ein wenig Appetit mitbringt.

Es gibt keinen ausdrücklichen Verhaltenskodex bei Degustationen, wohl aber einige grundsätzliche Regeln. Das Rauchen während der Probe oder das Auflegen von intensivem Parfüm sind absolute Tabus. Laut geäußerte Kommentare über den Wein, während andere noch verkosten, sind ebenfalls ärgerlich. Im Grunde sollten Sie jegliche Irritation anderer vermeiden, schließlich möchten Sie selbst ja auch ungestört probieren können. Und damit Sie sich nicht hinterher über Ihre seltsamen Kommentare auf dem Papier wundern müssen, sollten Sie das Spuckgefäß auch tatsächlich benutzen. Wenn vom Veranstalter keine Kleidungsvorschriften erteilt wurden, können Sie anziehen, was Sie möchten. Aber vielleicht wäre es besser, Ihre allerbeste Garderobe und helle Kleidung zu Hause zu lassen, es passieren schließlich immer wieder mal kleine Malheurs im Umgang mit Rotwein.

Die Weinverkoster

Kapitel 2

Was ist Wein?

Die EU-Definition für Wein ist kurz und gut in Jancis Robinsons *Oxford Weinlexikon* zusammengefasst: »Ein alkoholisches Getränk, entstanden aus der Vergärung des Safts frisch gelesener Trauben in den jeweiligen Ursprungsgebieten in Übereinstimmung mit den dortigen Traditionen und Gepflogenheiten«.

Wein ist ein weitgehend natürliches Erzeugnis. Fast alle seine Bestandteile lassen sich aus der Traube oder aus dem Gärprozess herleiten. In gewissem Maße können die Winzer die Qualität ihres Weins beeinflussen, indem sie einige der natürlichen Traubenbestandteile verstärken oder reduzieren. Das Aufzuckern des Traubensafts, die Regulierung des natürlichen Säuregehalts im Traubenmost oder Wein und die so genannte Umkehrosmose, bei der dem vergorenen Wein Wasser entzogen wird, um Alkohol und Inhaltsstoffe zu konzentrieren, sind die gängigsten Methoden, um »Versäumnisse der Natur« auszugleichen.

Mit Stoffen wie Bentonit (Tonerde), Eiweiß oder Gelatine wird der Wein geklärt und stabilisiert, bevor er abgefüllt wird, und fast allen Weinen wird Schwefeldioxid zugesetzt, um sie zu konservieren. Doch keine Angst, diese Substanzen verbleiben höchstens als minimale Rückstände im Wein, und all diese Methoden sind gesetzlich strikt reglementiert.

Dank moderner Kellertechnologie ist die Zusammensetzung eines Weins recht genau bekannt. Auf den Seiten 37–41 sind einige der wesentlichen Bestandteile beschrieben, wird ihr Einfluss auf den Geschmack des Endprodukts thematisiert. Die genauen Mengenverhältnisse dieser Inhaltsstoffe bestimmen den Typ, den Stil und natürlich auch die Qualität eines jeden Weins.

Definition

Der Weintyp wird im Wesentlichen durch drei Faktoren bestimmt. Als Erstes durch die Farbe: weiß, rot oder rosé. Der zweite Faktor ergibt sich aus der Produktionsmethode: Neben so genannten Stillweinen, die weder Kohlendioxid (CO_2) enthalten noch mit Alkohol verstärkt sind, gibt es auch Schaum- und Likörweine. Bei Schaumweinen wird entweder Kohlendioxid hinzugefügt oder dafür gesorgt, dass die natürliche Kohlensäure eines Weins nicht entweicht. Bei Likörweinen hebt der Winzer durch Hinzufügen von Alkohol den natürlichen Alkoholgehalt an, die Weine werden »verstärkt«. Der dritte Faktor ergibt sich aus dem Zuckergehalt des Weins, der knochentrocken bis sehr süß sein kann.

Als Typen denkbar wären demnach zum Beispiel ein trockener Stillwein wie ein Pinot Grigio aus dem Veneto, ein trockener Rosé-Champagner und ein süßer Likörwein wie der Vintage Port. Nur drei aus einer Vielzahl möglicher Kombinationen. In der Regel lässt sich der Weintyp aber auf einen oder zwei der genannten Faktoren reduzieren, zum Beispiel Rotwein oder trockener Weißwein. Dabei wird schlichtweg vorausgesetzt, dass die große Mehrheit der Rotweine ohnehin trocken und still ist (Letzteres gilt auch für Weißweine), sodass eine ausführliche Beschreibung nur bei einem süßen, schäumenden Rotwein wie dem Lambrusco relevant wäre.

Gelegentlich bezieht sich ein Weintyp auch auf den Alkoholgehalt, der von der Produktionsmethode abhängig ist. Ein wichtiger Punkt, der aber im Allgemeinen vernachlässigt werden kann, da die meisten Stillweine ohnehin einen ähnlichen Alkoholgehalt zwischen 12 und 14 Volumenprozent haben. Zudem ist diese Information für die meisten Weintrinker eher unwichtig. Wer jedoch weitgehend auf Alkohol verzichten will oder muss, kann auf alkoholfreie oder alkoholreduzierte Weine zurückgreifen. Bei beiden ist der Maximalgehalt gesetzlich geregelt. Alkoholfreie und entalkoholisierte Weine dürfen in Deutschland nicht mehr als 0,5 Volumenprozent Alkohol enthalten und alkoholreduzierte Weine nicht mehr als 4,0 Volumenprozent.

Immer mehr Weintrinker interessieren sich in letzter Zeit für eine andere Weinkategorie, für die so genannten Ökoweine oder Weine aus umweltschonendem An- und Ausbau. Diese Weine werden aus Trauben vinifiziert, die ohne chemische Düngemittel, Insektizide, Fungizide und Pestizide kultiviert wurden, wobei Schwefel- und Kupferlösungen zur Vermeidung von Pilzbefall zum Einsatz kommen dürfen. Weitere Vorschriften, etwa ein bestimmter (niedriger) Gehalt Schwefeldioxid, sind zusätzlich einzuhalten. Ein empfehlenswerter Weg; dennoch sind Ökoweine im Geschmack nicht anders oder gar besser. Zumal zahlreiche konventionell arbeitende Winzer in Teilbereichen die gleichen Methoden anwenden. Daher können die Ökoweine geschmacklich nicht als eigener Weintyp eingestuft werden.

Weintyp

Der Weinstil ist schwieriger zu definieren. Tatsächlich handelt es sich dabei um eine Unterkategorie des Weintyps. Normalerweise basiert er auf dem Duft oder dem »Mundgefühl«, das ein Wein hinterlässt – Letzteres resultierend aus Struktur und Körper des Weins.

Doch auch die Kombination aus Duft und einer bestimmten Art der Vinifizierung können den Stil ausmachen. Am Duft orientiert, entstehen Kategorien wie »aromatisch-trockener Weißwein« (aroma-intensiv) oder »würziger Rotwein« (mit ausgeprägten Gewürznoten). Das Gefühl, das der Wein auf der Zunge hinterlässt, bringt Kategorien wie »frischer Weißwein« (mit erfrischend-lebendigem Aroma), »weicher Rotwein« (mit harmonischer Struktur), »leichter« (wenig körperreich) oder »vollmundiger« (körperreich) Wein hervor.

Zu den Aromakomponenten, die sich aus der Vinifikation ableiten, gehört beispielsweise die »Holznote«, bei der man Aromen neuer Eichenfässer wahrnehmen kann, in denen der Wein gereift ist, oder die »Botrytisnote« (Botrytis ist der bei edelsüßen Weinen erwünschte Pilzbefall der Trauben, der den Weinen erst ihre hohen Öchslegrade und typischen Honig- und Röstaromen verleiht).

Dies sind die gängigsten Bezeichnungen der Weinstile, allerdings existieren keine wirklichen Regeln dafür. Die Beschreibungen eines Stils können recht kreativ sein, zum Beispiel »Stil der Neuen Welt«, »traditionell« und noch fantasievoller: »erotisch«.

Stil

Die Qualitätsbestimmung eines Weins ist ein grundlegendes Thema bei Verkostungen, und deshalb werde ich ihr später ein ganzes Kapitel widmen. An dieser Stelle sei nur gesagt, dass der Duft und die Struktur eines Weins die beiden wichtigsten Aspekte der Qualitätsbeurteilung darstellen. Das Vokabular zur Beschreibung der Qualität unterscheidet sich kaum von dem anderer Gebiete: außergewöhnlich, herausragend, exzellent, überlegen, durchschnittlich, gewöhnlich, mittelmäßig oder schlecht sind nur einige Beispiele. Normalerweise gibt es wenig Diskussionsbedarf bezüglich des Weintyps oder -stils – ein sehr trockener Weißwein ist nun einmal genau das, und auch ein »samtiger« Rotwein wird wohl von der Mehrheit der Verkoster so empfunden werden. Anders bei der Qualität. Hier kommt es vor, dass ein Tester einen Wein sehr hoch bewertet, während andere Verkoster ihn allenfalls durchschnittlich beurteilen (mehr dazu im Kapitel 5, Wein beurteilen, Seite 101 ff.).

Qualität

Die wichtigsten Einflüsse auf Typ, Stil und Qualität

Wie man sich vorstellen kann, spielen viele Faktoren eine entscheidende Rolle bei der geschmacklichen Entwicklung eines Weins, angefangen von der Art der Bodenbearbeitung vor dem Auspflanzen der Rebstöcke bis hin zur Abfüllung und noch darüber hinaus. Mir geht es in diesem Buch weniger um die Herstellung von Wein, daher will ich hier nur die Einflüsse herausgreifen, die sich direkt auf den Geschmack des Weins auswirken. Wenn Sie mehr über Vinifizierungstechnologien erfahren möchten, empfehle ich das Buch von James Halliday und Hugh Johnson »Wie Wein entsteht. Von den Göttern geschenkt, von den Menschen gemacht«.

Die Rebsorten

Die drei wichtigsten Elemente der Rebsorte, die Einfluss auf das Geschmacksbild des Weins haben, sind die Farbe der Beerenhaut, das Aromaprofil und die Zusammensetzung des Traubensafts.

Eine Traube wird je nach Färbung der Beerenhaut in weiß oder rot eingeteilt, obgleich die »weißen« Trauben tatsächlich eher grüngelb erscheinen, die »roten« Beeren von Blauschwarz bis Pink changieren. Weißweine können aus weißen und roten Rebsorten erzeugt werden, da der Traubensaft direkt nach der Kelterung immer hell ist und sich erst durch den anhaltenden Kontakt mit der Beerenhaut rot färbt. In der Regel werden Weißweine aber aus weißen Trauben gekeltert, mit Ausnahme des Champagners, für dessen Herstellung ein bedeutender Anteil an roten Trauben Verwendung findet. Rotweine erhalten ihre Farbe durch das während der Vergärung erfolgende Herauslösen der Farbpigmente aus den Beerenschalen, es ist also nicht möglich, aus weißen Trauben Rotweine zu erzeugen.

Rebsorten haben ihr eigenes Geschmacksprofil. Einige verleihen dem erzeugten Wein ein deutliches Blütenaroma, während bei anderen Aromen gängiger Fruchtsorten vorherrschen. Zudem gibt es Sorten, die ein intensiveres Aroma haben als andere – die Bandbreite reicht von sehr aromatisch bis eher neutral. Zu den ausgesprochen aromaintensiven weißen Trauben gehören Gewürztraminer und Muskateller (auch Muscat oder Moscato genannt). Ebenfalls sehr aromatisch sind Grauburgunder (Pinot Gris/Grigio) und Sauvignon Blanc, während Chardonnay und Sémillon eine mittlere Aromaintensität zeigen. Aligoté und Ugni Blanc (Trebbiano) sind nahezu neutrale Rebsorten. Selbstverständlich ist diese Angabe nur als Richtschnur zu verstehen. So kann beispielsweise Riesling, eine sehr aromatische Rebsorte, sowohl blumige als auch neutrale Weine hervorbringen.

Rote Sorten bezeichnet man hingegen selten als aromaintensiv, man spricht von »aromatisch« beim Spätburgunder (Pinot Noir/Nero) oder »weinig« bei Carignan und anderen eher neutralen Sorten.

Die Zusammensetzung des Traubensafts ist ausschlaggebend für Körper und Struktur des Weins. Der Saft besteht größtenteils aus Wasser mit Fruchtzucker, Säure, einigen Farbpigmenten und Gerbstoffen (Tannin), hinzu kommen weitere natürliche Bestandteile in teilweise verschwindend geringem Ausmaß. Die Menge der einzelnen Stoffe hängt von der Sorte ab, so kann zum Beispiel der Säuregehalt im Saft variieren oder der Tanningehalt durch die Vergärung mit Stielen und Beerenhäuten verstärkt werden.

Tatsächlich wird die Zusammensetzung des Safts über Weintyp und Stil entscheiden, und seine Qualität bestimmt letztendlich auch die Qualität des Weins. In diesem Zusammenhang habe ich ja bereits erwähnt, dass Rotwein nur aus roten Trauben erzeugt werden kann, und auch die Kelterung spritziger Weißer ist ebenfalls nicht aus jeder Rebsorte möglich: Scheurebe oder auch Gewürztraminer sind für diesen Weinstil wenig geeignet. Ein talentierter Winzer ist zwar in der Lage, aus einer neutral schmeckenden Sorte einen guten Wein zu keltern, aber es wird nie ein überragender werden. Selbst die besten Weine aus Ugni Blanc (Trebbiano) oder Carignan zählt man selten zu den eleganten Weinen dieser Welt. Eine kurze Übersicht über die wichtigsten Rebsorten finden Sie am Ende dieses Kapitels auf den Seiten 42–53.

Der Standort

Klima

Das Klima nimmt wesentlich Einfluss auf den Weinberg, auf Wachstum und Güte der Reben. Es ist in erster Linie vom Breitengrad abhängig, doch auch Landschaftsformation, Höhe, Nähe zu Gewässern und die Ausrichtung nach den Himmelsrichtungen wirken maßgeblich auf das Klima ein.

Rebstöcke brauchen eine bestimmte Menge an Wärme, Licht und Feuchtigkeit, um reife Trauben zu produzieren. Grundsätzlich werden die besten Ergebnisse bei mildem Klima mit kalten Wintern, frostarmem Frühling und warmen, trockenen Tagen im Sommer und Frühherbst erzielt.

Die klimatischen Gegebenheiten bestimmen Typ und Stil eines Weins. Je kühler die Witterung, desto weniger Fruchtzucker und mehr Säure werden die Trauben aufweisen und leichtere, frische Weine ergeben. Bei warmem Wetter hingegen steigt der Zuckergehalt und der Säurewert sinkt, die Weine werden vollmundiger und runder.

Rotweine brauchen mehr Wärme als Weißweine, sie gedeihen daher nicht so gut in kalten Klimazonen. Beispielsweise würde die rote Traube Syrah an Saale-Unstrut oder in Sachsen nicht zur vollen Reife gelangen, hier reichen die Klimabedingungen ausschließlich für leichte, aromatische Weißweine.

Die Qualität hängt auch von der Beständigkeit des Wetters ab. Extreme Schwankungen ergeben unharmonische Weine: Ein Kälteeinbruch sorgt für eine raue Struktur und unreife Aromen; ist die Hitze zu groß, werden die Beeren kraftlos und verlieren an Aroma. Ein anschauliches Beispiel sind die Trauben aus dem heißen Central Valley in Kalifornien, die wesentlich seltener finessereiche Weine ergeben als die im gemäßigten Klima des Napa Valley wachsenden Reben.

Boden

Eine ganze Reihe von Böden eignet sich zur Kultivierung von Weinreben. Die besseren darunter sind wasserdurchlässig, speichern aber die benötigte

Feuchtigkeit in ausreichender Menge. Zu fruchtbar sollten sie nicht sein, da ein fruchtbarer Untergrund in erster Linie das Blattwachstum fördert und nicht die Trauben.

Kaum ein Thema wird in der Weinwelt so kontrovers diskutiert wie die Bodenbeschaffenheit, die in Frankreich als *Terroir* bezeichnet wird. Rein fachlich betrachtet, versteht man unter Terroir nicht ausschließlich die Zusammensetzung des Bodens, sondern auch die Topographie und das Klima eines Weinbergs. In der Praxis meint man bei Verwendung des Begriffs jedoch üblicherweise den Boden. Tatsächlich kommt es in Frankreich vor, dass zwei benachbarte Weinberge über ähnliche Landschaftsformationen und Klimakonditionen verfügen, einer der beiden aber wegen seiner besonderen Zusammensetzung des Untergrunds als der bessere angesehen wird. Und selbst wenn es nicht um die Qualität geht, wird der Charakter der Weine auf die Bodenverhältnisse zurückgeführt. Davon sind vor allem die französischen Winzer überzeugt, die die einzigartigen Aromen ihrer Weine auf die in ihren Weinbergen vorkommenden Anteile an Kalkstein oder Granit zurückführen.

Das stimmt auch teilweise, aber das Aroma könnte sich ebensogut aus der Kombination von speziellem Klima, gemäßigter Fruchtbarkeit und Wasserdurchlässigkeit des Untergrunds herleiten lassen und nicht bloß mit den besonderen Mineralien im Boden zusammenhängen. Noch gibt es keine konkreten Forschungsergebnisse, doch Wissenschaftler sind ständig bemüht, unseren Wissensdurst zu stillen. Es ist daher besonders ärgerlich, wenn Weinexperten – in den meisten Fällen Franzosen – mit geradezu missionarischem Eifer predigen, dass Mineralstoffe im Boden einen eindeutigen Einfluss auf das Weinaroma hätten. Glaubt man ihnen, dann sind nämlich ausschließlich Frankreichs Weinberge mit genau der richtigen Mineralmischung für den Rebanbau gesegnet. Verstehen Sie mich nicht falsch, ich liebe die französischen Weine und habe großen Respekt vor den unzähligen begabten Winzern in Frankreich, aber es gibt auch außerhalb dieses Landes großartige Böden und damit großartige Terroirs.

Doch nichtsdestotrotz besteht kein Zweifel daran, dass der Boden mit all seinen Eigenschaften eine wichtige Rolle für die Qualität des Weins spielt. In einigen Fällen kann er die Reife der Trauben beschleunigen oder verlangsamen, mit positiven bis katastrophalen Auswirkungen auf den Wein. Auch Weintyp und -stil werden vom Boden beeinflusst. Einige Böden scheinen sich zum Beispiel besser für Schaumweine zu eignen, wie etwa in der Champagne, und die Böden der Region Graves im Bordelais ergeben etwas leichtere Rotweine als die des nahen Médoc.

Der Jahrgang

Das Klima ist Schwankungen unterworfen, und deshalb kann das Wetter in einem Anbaugebiet von Jahr zu Jahr mehr oder weniger merklich differieren, was wiederum Auswirkungen auf den Charakter der Trauben und des Weins hat. Die Schwankungen sind von enormer Bedeutung für jeden Weinjahrgang, der je nach Qualität der Trauben exzellent bis schlecht ausfallen kann.

Das Wetter beeinflusst die Weinqualität beispielsweise durch starken Regen vor und während der Weinlese. Als Folge davon wird der Traubensaft verwässert und der Ausbruch von Pilzkrankheiten begünstigt. Weintyp und -stil sind ebenfalls vom Wetter abhängig. Warme Witterung während der letzten Reifewochen bringt mit Sicherheit weichere Rotweine als in anderen Jahren hervor, und wenn dieses Wetter bis in den Herbst anhält, steigt auch der Zuckergehalt.

Die Weinerzeugung

Im Weinberg

Die Arbeit des Winzers in Weinberg und Kellerei wirkt auch auf Weintyp, Stil und Qualität. Die Bemühungen um gesundes, reifes Lesegut erfordern ausgiebige Boden-, Reb- und Traubenpflege. Darüber hinaus müssen Struktur und Zusammensetzung des Untergrunds stimmen, damit die Rebstöcke gut im Boden verwurzeln können.

Die Reben müssen erzogen und in Form geschnitten werden, um die Kultivierung zu optimieren. Blattwerk und die sich entwickelnden Trauben erfordern ständige Aufmerksamkeit durch Ausdünnen, Rückschnitt und gegebenenfalls Einsatz von Spritzmitteln. Sind die Trauben schließlich ausgereift, werden sie von Hand oder maschinell gelesen.

Es ist nahe liegend, dass inkompetente oder lieblose Weinbergs- und Rebpflege zu Trauben führt, die unreif, wässrig und in schlechtem Gesundheitszustand sind, mit katastrophalen Folgen für die Qualität der künftigen Weine. Die Arbeit im Weinberg wirkt sich demnach weniger auf Typ und Stil als auf Qualität aus. Man kann sagen, dass in derselben Region sowohl die roten als auch die weißen Rebsorten im Grunde eine ähnliche Behandlung verlangen, obwohl es einige kleinere Abweichungen gibt.

Im Keller

Es ist ein langer Weg von der Lese bis zum Abfüllen. Zunächst muss der Traubensaft, der in der Fachsprache als Most bezeichnet wird, vergoren werden. Danach folgt eine je nach Weintyp unterschiedliche Reifezeit, die schnell oder gemächlich in Behältern aus verkleidetem Beton, in Edelstahltanks oder in Fässern vonstatten geht. Um dem Wein zusätzliche Aromen zu verleihen, wird er zur Reifung zuweilen ganz oder teilweise in kleine neue Eichenfässer gefüllt. Danach können Weine zu einer Cuvée verschnitten werden. Damit aus dem noch ungestümen Wein ein geschmackvolles Getränk wird, schließen sich einige Filtrations- und Klärungsvorgänge an, die

ihm zudem Stabilität verleihen. Ist der Wein schließlich trinkreif oder soll in der Flasche weiter reifen, wird er abgefüllt.

Ausbau im Barrique

Unter allen Vinifikationsvorgängen ist der Ausbau im neuem Eichenholz wohl der signifikanteste. Forschungsergebnisse zeigen, dass Eichenholz bei weitem der wichtigste Geschmacksgeber beim Wein ist. Wenn Winzer neue Fässer für ihren Wein auswählen, müssen sie über Herkunft, Größe, Art der Bearbeitung und Menge des Holzes entscheiden. Amerikanische und französische Eiche, die beiden beliebtesten Sorten, unterscheiden sich in ihren Charakteristika. Amerikanische Eiche verleiht dem Wein normalerweise einen vollmundigeren, würzigeren Geschmack, während die französische Eiche Finesse in den Wein bringt. Neues Holz kommt hauptsächlich in Form von kleinen, Barrique genannten Fässern zum Einsatz, die über ein Volumen von etwa 225 Litern verfügen. Daneben gibt es auch kleinere oder größere Fässer. Ein Holzfass erlaubt dem Wein mehr Kontakt mit Sauerstoff als ein Edelstahltank und führt zu einer vorteilhaften, kontrolliert ablaufenden Oxidation, die dem Wein mehr Weichheit verleiht. Will man Kosten und Arbeit sparen und trotzdem ein leichtes Holzaroma im Wein erzielen, kann man auch einige neue Holzleisten oder Holzstückchen in den Tank geben. Das Ergebnis wird aber nicht annähernd so überzeugen wie das der richtigen Fasslagerung. Neue Fässer sind auf der Innenseite verkohlt, und der Grad des *Toastens*, so der Fachausdruck, von leicht über mittel bis stark hat einen bedeutenden Einfluss auf den Geschmack (übrigens können auch Holzstückchen entsprechend getoastet werden).

Ein Wein kann in Fässern ausgebaut werden, die zu 100 Prozent aus neuer Eiche bestehen, es ist aber auch denkbar, dass ein Teil des Weins in neuen Fässern und der andere Teil in gebrauchten lagert. Je nachdem verfügt der Wein über mehr oder weniger Holzaromen, die an Gewürze, Röstbrot und Vanille erinnern – Vanillin ist ein natürlicher Bestandteil des Eichenholzes. Die Entscheidung über die Ausbauart hängt von den Vorlieben des Winzers, dem angepeilten Absatzmarkt, dem Weintyp und den finanziellen Mitteln des Weinguts ab. Neue Eichenfässer sind nämlich sehr teuer, zudem verträgt sich eine große Anzahl besonders aromatischer Rebsorten wie etwa Riesling nicht mit den Sekundäraromen aus dem Eichenfass.

Vinifikationstechnologien

Abhängig von den Möglichkeiten und Zielen des Betriebs wird die Weinqualität durch die Vinifikationstechnologien geprägt. Ein kostengünstig produzierter Tropfen wird niemals an die Qualität eines teuren Weins heranreichen, der unter Einsatz aller Möglichkeiten erzeugt wurde. Dennoch entscheidet letztlich die Fähigkeit des Kellermeisters darüber, wie groß die Qualitätsunterschiede sind.

Das Beispiel zur Verwendung des neuen Eichenholzes hat uns gezeigt, wie sehr die Ausbautechnik Typ und Stil eines Weins beeinflussen kann. Lassen Sie mich noch einige weitere Verfahren nennen, die zum Erzielen eines bestimmten, beim Verkosten leicht zu identifizierenden Charakterbilds von Weinen eingesetzt werden.

Die Kohlensäuremaischung: wird bei der Vinifikation von leichten, fruchtbetonten Rotweinen eingesetzt. Bei dieser Technik werden ungemahlene Trauben in mit Kohlendioxid gefüllte Edelstahltanks gegeben, um eine intrazelluläre Vergärung auszulösen: Der Sauerstoff im Tank wird verdrängt, und die Gärung findet in den Zellen des Fruchtfleischs statt. Nach einigen Tagen werden die Beeren gepresst und die Gärung wie gewohnt abgeschlossen. Der so entstandene Rotwein ist fruchtintensiv, hat häufig ausgeprägte Bananenaromen und enthält weniger Gerbstoffe.

Die Vergärung durch Reinzuchthefen: wird zur Betonung des Fruchtaromas bei Weinen angewandt, die jung getrunken werden sollen. Spezielle Hefen dienen dazu, Fruchtnoten in von Natur aus weniger aromatischen Weinen anzuregen oder zu erzeugen. Allerdings verflüchtigen sich diese Aromen bereits nach einigen Monaten wieder.

Die Kaltvergärung: wird bevorzugt zur Herstellung frischer Weißweine eingesetzt. Dabei wird die Mosttemperatur während der Gärung kontrolliert und auf etwa 15 °C herunter gekühlt, um die frischen Aromen zu bewahren. Wird die Temperatur zu tief angesetzt und waren die Trauben ohnehin nicht sonderlich aromaintensiv, entwickelt sich jedoch ein eigenartiger Ton, der an Fruchtsorbets und den typischen Geschmack von Eisbonbons erinnert.

Die malolaktische Gärung: wird bei den meisten Rotweinen und einigen weniger aromatischen Weißweinen wie Chardonnay angewandt. Dabei wird ein Teil der natürlichen Apfelsäure durch Bakterien in mildere Milchsäure umgewandelt. Die Weine werden weicher, Weißweine bekommen zudem einen leicht buttrigen Ton.

Die Vergärung mit Florhefe: Sherry Fino oder Vin Jaune (ein Sherry-ähnlicher Wein aus dem französischen Jura) reifen unter einem Schleier aus Florhefe, der den Kontakt mit Sauerstoff verhindert.

Die Weine entwickeln dabei sehr kraftvolle Aromen, die sich häufig durch eine Kombination aus grüner Walnuss und Zitrusfrüchten mit leichtem Jodcharakter auszeichnen.

Der oxidative Ausbau: erfolgt hauptsächlich bei der Erzeugung von Alkohol-verstärkten Weinen, die für eine lange Lagerung vorgesehen sind, zum Beispiel Sherry Oloroso, Tawny Port, französische Likörweine wie Banyuls und Rivesaltes und Madeira. Im Gegensatz zur Vergärung mit Florhefe wird der Wein beim oxidativen Ausbau bewusst in Kontakt mit Sauerstoff gebracht. Die so entstandenen Weine sind tief bernsteinfarben bis rotbraun und weisen deutliche Anklänge an Nüsse, Toffees und sogar Bohnerwachs auf.

Ausbau auf der Hefe: ein vielfach in der Schaumweinerzeugung, aber auch bei Stillweinen angewandtes Verfahren. Die Weine werden dabei für einige Zeit in Kontakt mit den während der Gärung abgestorbenen Hefezellen gelassen. Beim Schaumwein geschieht das in der Flasche, beim Stillwein im Fass. Hier wird der Wein regelmäßig durchgerührt, um den größtmöglichen Kontakt zu den Hefezellen zu gewährleisten. Als Ergebnis erhält man einen Wein mit samtigem Charakter beziehungsweise Sekt mit feinen Brot- und Hefearomen.

Weinherkunft

Abgesehen von den technischen Aspekten der Erzeugung, werden Typ, Stil und Qualität eines Weins auch durch das Zusammenspiel von Faktoren wie Tradition, gesetzliche Rahmenbedingungen, Wirtschaftlichkeitserwägungen und persönlichem Enthusiasmus geprägt.

In manchen Gegenden wird Wein seit Jahrhunderten angebaut, kaum überraschend, dass dortige Traditionen bis in die Gegenwart wirken. Ein klassisches Beispiel ist das französische System der Appellations Contrôllées, das neben anderen Dingen bestimmte Rebsorten, die sich über einen langen Zeitraum in einer Region bewährt haben, verbindlich vorschreibt. Darüber hinaus ist Wein ein gesetzlich sehr strikt reglementiertes Genussmittel, das je nach Tradition und gesellschaftlicher Wertung in der Steuer- und Gesundheitspolitik der einzelnen Länder unterschiedlich behandelt wird.

Trotz des eher romantischen Images, das Wein genießt, ist auch der Weinbau durch die kommerzielle Realität unserer durch Wettbewerb bestimmten Gesellschaft geprägt. Es liegt auf der Hand, dass die Preissegmente, in denen Erzeuger ihre Weine platzieren wollen, sich auf Typ, Stil und Qualität der Weine auswirken.

Die Weinwelt lebt von Männern und Frauen, die als leidenschaftliche Visionäre ihre Ideen und Vorstellungen in großen Weinen umsetzen. Begeisterung allein reicht natürlich nicht aus, einen Spitzenwein zu produzieren, aber ohne wahre Hingabe geht es gar nicht. Kein Wunder also, dass Wein immer ein Lieblingsthema von Autoren und Journalisten war und wohl auch immer sein wird.

Alterungsprozess

Dank seines Säure- und Alkoholgehalts und teilweise auch dank guter Zucker- und Tanninwerte gehört Wein zu den wenigen Konsumgütern, die lange haltbar sind. Der Alterungsprozess wird dabei kaum den Weintyp beeinflussen, aber er kann sich merklich auf Stil und Qualität auswirken. Ein hochwertiger Wein, der zu früh getrunken wird und sich noch verschlossen präsentiert, wird nach einigen Jahren Flaschenlagerung rund und harmonisch sein. Im besten Falle aber entwickelt sich ein eleganter, jugendlich-fruchtiger Wein nach fünf, zwanzig oder noch mehr Jahren zu einem hervorragenden, komplexen Himmelstrunk mit ineinander verwobenen Aromen. Leider geschieht dies nicht bei jedem Wein. Die Mehrheit der heutigen Produkte ist derart angelegt, dass sie in den ersten drei Jahren nach der Lese getrunken werden sollte und sich in der Flasche nicht mehr verbessert.

Ich verzichte darauf, die Weine der wichtigsten Anbaugebiete zu beschreiben, weil dieses Unterfangen in einem Buch, das kein Weinatlas ist, zu viel Platz beanspruchen würde. Ich nenne aber bei der Beschreibung jeder Rebsorte einige Anbaugebiete, die für die jeweilige Sorte bekannt oder berühmt sind.

Weiße Rebsorten

Chardonnay

»Madonna, Lady Di und Jerry Hall in einer Person.« So beschreibt Tim Atkin Chardonnay in seinem Buch über diese Rebe. Tatsächlich ist sie bei den meisten Weinfreunden beliebt. Sie hat genug Geschmack, um eigenständig zu sein, ist aber doch nicht aufdringlich. Darüber hinaus verbindet sie sich sehr gut mit den Aromen von neuem Eichenholz. Chardonnay-Weine sind fast immer trocken und oft recht körperreich. Mango, Ananas und Pfirsich sind klassische Aromen der Weine aus warmen Anbaugebieten, aus kühleren Klimazonen kommen Weine mit Apfel- und Zitronennoten. Viele Spitzen-Chardonnays erinnern im Geschmack an Trockenfrüchte. Butterscotch und Vanille, die oft mit Chardonnay assoziiert werden, haben hingegen mehr mit dem Ausbau in neuem Eichenholz zu tun als mit der Rebsorte selbst.

Chardonnay wird in beinahe jedem Wein erzeugenden Land angebaut. Wunderbare Weine kommen aus Burgund (Chablis – normalerweise ohne Holzausbau, Meursault, Puligny-Montrachet und Chassagne-Montrachet), Australien, Kalifornien, Neusee-

Geschmacks-profile

land und Chile, aber viele andere Gebiete bringen ebenfalls ausgezeichnete Chardonnays hervor. Chardonnay ist eine wichtige Rebsorte für die Schaumwein- und Champagner-Erzeugung, sei es reinsortig (Blanc de Blancs) oder im Verschnitt. Die besten reifen und halten sich fünf bis zehn Jahre.

Riesling

Diese Sorte ist der Liebling der Weinautoren, aber leider (noch) nicht der Durchschnitts-Weintrinker. Das hat damit zu tun, dass Riesling oft fälschlicherweise mit ein paar halbtrockenen Massenweinen mediokrer Qualität assoziiert wird. Die Rieslingrebe kann exzellente Weine hervorbringen, von knochentrocken bis edelsüß, und dank ihrer hohen natürlichen Säure sind auch die süßeren Weine stahlig und rassig. Das Aromaspektrum ist phänomenal, es reicht je nach Stil und Herkunft des Weins von frischen Blüten über Apfel und Limetten (Australien), Pfirsich, getrocknete Aprikosen bis zu Rhabarber, und nach ein paar Jahren Flaschenreifung zeigen sich Lanolin (Wollfett), weiße Trüffel und Petrol. Spitzenrieslinge können bis zu zwanzig Jahre reifen. Die besten kommen aus Deutschland (Mosel, Rheingau, Pfalz, Rheinhessen), dem Elsass, Österreich (Wachau) und Australien (Clare Valley, Eden Valley).

Sauvignon Blanc

Diese modische Rebsorte ergibt Weine, die man entweder liebt oder hasst. Sie sind für gewöhnlich frisch und saftig in der Struktur und haben ein kräftiges Kräuter- und Stachelbeerenaroma. Die wichtigsten aus Sauvignon Blanc gekelterten Weine sind die aus Marlborough in Neuseeland und jene von der Loire (Sancerre, Pouilly Fumé). Die Neuseeländer schmecken zusätzlich nach Passionsfrucht und Kiwi oder lassen sogar an Büchsenspargel denken, bei den Weinen von der Loire (wie auch bei einigen Weinen aus Südafrika) überwiegen Gras, Nesseln und mineralische Noten. In Kalifornien wird der Wein üblicherweise unter der Bezeichnung Fumé Blanc verkauft und oft in neuer Eiche ausgebaut, was seinen Charakter stark, ja oft bis zur Unkenntlichkeit verändern kann, ohne dass der Wein deswegen aber weniger angenehm wäre. Dank seiner natürlichen Frische ist Sauvignon Blanc Verschnittpartner für Sémillon bei der Süßweinerzeugung, so in Sauternes bei Bordeaux. Heute wird Sauvignon Blanc in verschiedenen Gebieten angebaut, die Weine sind im Allgemeinen eher eindimensional und werden, von ein paar wenigen Ausnahmen abgesehen, am besten jung getrunken.

Sémillon

Ihre Hauptrolle spielt diese Rebsorte in den Süßweinen von Bordeaux, wo sie eine üppige Struktur und schöne Aromen von gerösteten Früchten hervorbringt. Ein trockener Sémillon-Stil wird heute zunehmend beliebt in Ländern wie Chile, Südafrika und dem Staat Washington in den USA. Seit einiger Zeit erzeugt Australien (Hunter Valley) erstaunliche Weine. Die Textur ist rund, die Aromen sind eine wunderbare Kombination von Zitrusfrüchten, Ölfrüchten und Anklängen von Honig und Wachs. Ob

Riesling

Sauvignon Blanc

Chardonnay

süß oder trocken – große Sémillons lassen sich ausgezeichnet lagern.

Chenin Blanc

Wären da nicht die großartigen Weine von der Loire, würde man um Chenin Blanc kein großes Aufheben machen. Wie Riesling hat diese Rebsorte eine hohe natürliche Säure, die den trockenen sowie den süßen Weinen eine gewisse Stahligkeit verleiht. Die Aromen sind eine Mischung von Quitte, geriebenem Apfel, Marzipan und Honig. Außer an der Loire werden gute Chenins Blancs heute auch in Neuseeland erzeugt. In Südafrika sind große Flächen mit Chenin Blanc bestockt (die Rebe heißt hier »Steen«), es werden aber nur wenige interessante Weine daraus gekeltert. Spitzenweine (süß und trocken) von der Loire wie Coteaux du Layon, Quarts de Chaume, Savennières oder Vouvray lassen sich mit Leichtigkeit so lange lagern wie die besten Rieslinge.

Viognier

Viognier ist eine wahre Modesorte geworden. Sie wird in den Weinregionen der ganzen Welt zunehmend angebaut (Kalifornien, Languedoc), aber ihre ursprüngliche Heimat ist das nördliche Rhônetal (Condrieu). Viognier-Weine sind rund, meist trocken und haben kräftige Aromen: Blüten, Pfirsich, Aprikose – und einfachere Weine riechen auch mal wie ein Raum-Deo. Manche Weine lassen sich durchaus lagern, am besten aber schmecken sie normalerweise in ihrer Jugend, wenn sie am üppigsten und fruchtigsten sind.

Muskateller

Die Muskateller-Rebe, französisch Muscat, italienisch Moscato, ist bekannt für ihre Süßweine, ergibt aber auch angenehme Schaumweine (Asti) und bezaubernde trockene Weißweine (Elsass). Es gibt mehrere Unterarten, die wichtigsten sind Muscat à Petits Grains, Muscat d'Alexandrie, die dunkle, als Tafeltraube beliebte Muscat Hamburg und schließlich Muscat-Ottonel; manche davon sind eleganter als andere. Gemeinsam ist ihnen der einzigartige, deutlich traubige Geschmack, der oft von Anklängen an Orangeblüten, Holunderbeeren, Rosinen, Toffees und (im Falle von australischem Muscat-Likörwein) Christmas Pudding begleitet wird. In den meisten Anbaugebieten mit warmem Klima werden aus der Muskateller-Traube schöne Süßweine gekeltert. Muscat de Beaumes-de-Venise in Frankreich, Weine der griechischen Insel Samos oder aus Constantia in Südafrika und australischer Muscat liqueur sind bloß ein paar berühmte Beispiele für die großartigen Weine, die diese Rebsorte ergibt. Viele sind jung getrunken ein Genuss, andere entwickeln sich über mehrere Jahre hinaus sehr schön.

Weitere interessante weiße Rebsorten

Gewürztraminer

Elsass und Neuseeland. Volle, üppige Struktur sowohl in den trockenen wie den süßen Weinen, kräftige Nase – Litschi, Ingwer, Rosenblütenblätter.

Pinot Gris

Elsass, Deutschland (dort auch Ruländer genannt) und Osteuropa. Üppige Weine mit Pfirsich-, Aprikosen- und Gewürznoten in trockenen und süßen Weinen.

Leichter und weitaus weniger aromatisch ist dagegen die bekannte und weit verbreitete italienische Version Pinot Grigio.

Marsanne

Rhône und Australien. Runde, trockene Weine mit einem leichten Mandel- und Kräutergeschmack, kommt mehr und mehr in Mode.

Roussanne

Rhone und Kalifornien. Wird oft mit Marsanne verschnitten und ist dieser nicht unähnlich, hat aber frischere Struktur und mehr Geschmack, eine Mischung aus Kräutern und Ölfrüchten.

Scheurebe

Deutschland. Ergibt hervorragende trockene und vor allem süße Weine mit ausgeprägtem Grapefruitgeschmack.

Albarino

Galizien im Nordwesten Spaniens. Die Sorte ist in Mode, sie ergibt feine, trockene Weine mit floralen Pfirsichnoten.

Torrontes

Argentinien. Attraktive, leichte und trockene Weine mit deutlich floralem Charakter.

Arneis

Piemont. Ergibt trockene, nicht besonders knackige Weine von mittlerem Gewicht mit angenehmen floralen Noten und dem Geschmack von Trockenfrüchten.

Rote Rebsorten

Cabernet Sauvignon

Cabernet Sauvignon ist vielleicht, ja wahrscheinlich die größte Rotwein-Rebe. Jancis Robinson spricht in in ihrem Buch *Rebsorten und ihre Weine* von der Schokolade der Weinwelt (die Sorte Chardonnay bezeichnet sie als Vanille). Cabernet Sauvignon ergibt Weine von hoher Qualität und ungeheurer Beständigkeit und Lagerfähigkeit. Die vielen großartigen Beispiele sind in ihrer Jugend von tiefer Farbe, kräftiger und solider Struktur mit festen, aber reifen Tanninen, und sie strotzen nur so von Aromen: schwarze Johannisbeeren, Brombeeren, *Crème de cassis* oder *Crème de mûre* (vor allem die chilenischen Weine), schwarze Kirschen, grüner Pfeffer, Bleistiftmine (Médoc), Minze und Eukalyptus (Südaustralien). Große Weine lassen sich ohne weiteres über zwanzig Jahre lagern, mit der Zeit werden sie runder und entwickeln verblüffende Noten von Zedernholz, Zigarrenkiste, Tabak und dunkler Schokolade. St-Estèphe,

Cabernet Sauvignon

Shiraz

Pinot Noir

Pauillac, St-Julien und Margaux im Norden von Bordeaux, Bolgheri in der Toskana, Napa Valley, Sonoma Valley und die Berge von Santa Cruz in Kalifornien, der Staat Washington im Nordwesten der USA, Margaret River, Coonawarra und McLaren Vale in Australien, Waiheke Island in Neuseeland, das Maipo-Tal in Chile und Stellenbosch in Südafrika … dies sind nur ein paar der wichtigsten Anbaugebiete rund um die Welt, die für die Qualität ihrer Cabernet-Sauvignon-Weine berühmt sind. Eine vollständige Liste der besten Cabernet-Regionen auf der ganzen Welt würde den Rahmen dieses Buches sprengen.

Pinot Noir

Pinot Noir, auf Deutsch Spät- oder Blauburgunder, ist wie ein launischer Teenager, dessen Benehmen die Eltern zur Verzweiflung bringt, der aber in den seltenen Augenblicken, wenn er sich zusammennimmt, schlichtweg genialische Züge zeigt. Pinot Noir kann Mengen von gewöhnlichen, aber teuren Weinen ergeben (vor allem in Burgund), aber auch ganz außergewöhnliche (ebenfalls in Burgund!). Die Länder der Neuen Welt, Kalifornien, Chile, Südafrika, Australien und Neuseeland, die lange Zeit mit dieser Rebe gekämpft haben, keltern heute regelmäßig wirklich schöne Weine daraus und widerlegen damit beinahe den Ruf der Unzuverlässigkeit, der ihr anhaftet. Die besten Spätburgunder sind rund oder geschmeidig mit einer seidigen, samtigen Textur. Im Aroma erinnert Pinot Noir an Himbeeren, Walderdbeeren und reife Kirschen, die sich nach einiger Zeit der Flaschenreifung in wunderbare Wildnoten wandeln. Ein weiteres Charakteristikum von Pinot Noir ist seine –

im Vergleich zu anderen Weinen aus klassischen Rotweinreben – hellere Farbe.

Berühmte Anbaugebiete für Pinot Noir sind die Appellationen Gevrey-Chambertin, Chambolle-Musigny, Vosne-Romanée, Nuits-St-Georges, Pommard und Volnay in Burgund sowie die kühleren Ecken in den Ländern der Neuen Welt, zum Beispiel Carneros in Kalifornien, Walker Bay in Südafrika, Yarra Valley in Australien und Martinborough und Otago in Neuseeland. Wie Chardonnay ist auch Pinot Noir ein wichtiger Grundwein für viele Schaumweine und Champagner. Die besten Pinots halten sich über zehn Jahre wunderbar.

Syrah/Shiraz

Das Comeback einer großen Sorte. In ihren beiden Heimatländern Frankreich und Australien hatte diese prächtige Rebe in der Vergangenheit zeitweise an Beliebtheit verloren. Aber sie hat im wahrsten Sinne Boden zurückgewonnen und ist als strahlender Sieger zurückgekehrt, und zwar nicht nur in diesen beiden Ländern. Im Idealfall ergibt Syrah, wie die Rebe in Frankreich heißt, oder Shiraz, wie man sie in Australien nennt, Weine von tiefer Farbe, kräftiger Struktur, aber weicherer Textur als Cabernet Sauvignon. Im Aroma erinnern sie an Veilchen, Himbeeren, Brombeeren, Pfeffer, Zwetschge, Schokolade, Leder und Gewürze. Die großen klassischen Beispiele kommen von der Côte Rôtie und von Hermitage im Rhônetal und aus dem Barossa Valley, McLaren Vale und Hunter Valley in Australien, aber auch andere Gebiete in Frankreich und Australien, ebenso Kalifornien, Chile und Südafrika erzielen großartige Resultate. Wein aus

der Syrah- oder Shiraz-Rebe haben ein enormes Lagerpotenzial. In Australien wird Shiraz zudem für die
Produktion von portweinähnlichen Weinen verwendet – und man macht daraus auch kleine Mengen
eines ungewöhnlichen, aber angenehm saftigen roten
Schaumweins.

Merlot

Die Bordeaux-Weine von St-Emilion und Pomerol
einmal ausgenommen, stand Merlot lange Zeit im
Schatten des Cabernet Sauvignon. In den frühen
Neunzigerjahren des 20. Jahrhunderts begannen die
Wissenschaftler uns zu erklären, wie gut Rotwein für
die Gesundheit ist. Dank seines äußerst einfach zugänglichen Charakters wurde Merlot plötzlich zum
eigentlichen Star der Szene. Die Sorte ergibt Weine,
die dem Cabernet Sauvignon nicht unähnlich sind,
aber runder und weicher, und folglich werden die beiden oft verschnitten, um die Kanten des Cabernet
Sauvignon abzurunden. Im Aroma erinnert Merlot an
Zwetschgen, Früchtekuchen und schwarze Johannisbeeren. Heute wird er im großen Stil angebaut, und in
vielen Ländern wird eine stattliche Zahl hervorragender Merlots erzeugt, insbesondere in Kalifornien und
im Staat Washington in den USA. Die besten Merlots
lassen sich sehr gut lagern, wenn auch nicht ganz so
lange wie die großen Weine aus Cabernet Sauvignon.

Nebbiolo

Nebbiolo ist Italiens noble Sorte. Im Piemont, insbesondere in der Gegend um Barolo und Barbaresco,
ergibt sie fabelhafte Weine. Die besten haben eine

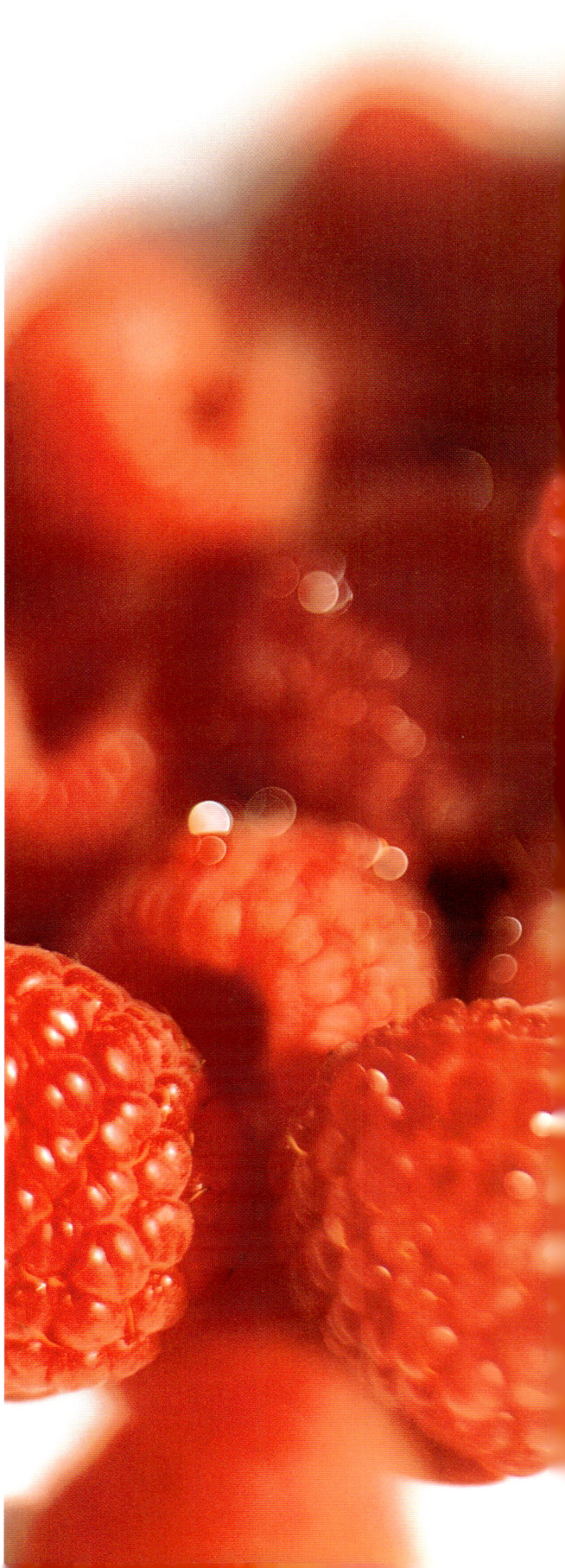

kräftige Struktur mit festen Tanninen, und die Aromen bilden ein faszinierendes Spektrum von Trüffel, dunkler Schokolade, Pflaumen, Veilchen und sogar Teer! In Australien und Kalifornien gibt es Erzeuger, die mit dieser Rebe experimentieren, und es dürfte nicht mehr allzu lange dauern, bis interessante Weine aus diesen Ländern auf dem Markt erscheinen. Die besten Weine von Barolo und Barbaresco reifen und halten sich ohne weiteres bis zu zwanzig Jahre.

Tempranillo

Tempranillo spielt in vielen Spitzenweinen Spaniens eine wichtige Rolle. Die Weine sind von mittelschwerem Körper, haben eine saftige Struktur, solange sie jung sind, und schmecken köstlich nach Erdbeeren. Die besten lassen sich gut lagern und erhalten dabei eine seidige Textur und schöne Gewürznoten.

Die beiden berühmtesten Tempranillo-Anbaugebiete sind Ribera del Duero und Rioja, wobei die Weine von der Ribera tendenziell fester sind als die aus der Rioja.

Zinfandel

»Made« in USA. Seitdem die kalifornischen Erzeuger diese Rebe mit Respekt behandeln, werden erstaunliche Weine daraus gekeltert: üppig, rund und konzentriert, mit wundervollen Aromen von Zwetschgen, Brombeeren, Gewürzen und Rosinen. Die besten Zinfandels profitieren ohne Zweifel von Flaschenreifung. Zinfandel-Trauben dienen auch der Produktion großer Mengen von White Zinfandel, einem leichten, etwas süßen Alltags-Rosé.

Weitere interessante rote Rebsorten

Sangiovese

Die Haupttraube für Chianti ergibt mittelschwere Weine von fester Struktur mit charakteristischen, steinigen, leicht bitteren Kirschnoten. Sangiovese hat reinsortig gekeltert das Zeug zu Weinen mit festem Charakter und Lagerpotenzial und ist auch ein guter Verschnittpartner für Cabernet Sauvignon.

Pinotage

Die Rebe Südafrikas. Für gewöhnlich werden aus ihr Weine eines leichteren Stils gekeltert, die seltsam nach Banane und süßen oder sauren Früchten schmecken und jung getrunken werden sollten. Seitdem jedoch eine wachsende Zahl von Erzeugern diese Rebsorte ernst nimmt, entstehen Weine mit Lagerpotenzial, mehr Körper und angenehmen Zwetschgen- und Gewürznoten.

Grenache

Diese Rebe ist in Spanien unter dem Namen Garnacha bekannt und ergibt vor allem im Priorat hervorragende Rotweine. Auch im australischen Barossa Valley werden sehr gute Weine daraus gekeltert. Am berühmtesten ist die Grenache-Rebe aber für die führende Rolle, die sie im Châteauneuf-du-Pape an der südlichen Rhone spielt. Grenache ergibt manchmal Weine von recht heller Farbe, mit runder, weicher Struktur und Aromen von dunklem Obst, Pfeffer und Fleisch. Auch für die Rosé-Produktion ist die Grenache-Rebe sehr wichtig.

Cabernet Franc

Diese Rebsorte ist der kleine Bruder bzw. die kleine Schwester von Cabernet Sauvignon und wird üblicherweise mit Cabernet Sauvignon und Merlot verschnitten. In diesen Assemblagen (Bordeaux) spielt sie zwar praktisch nie die Hauptrolle, doch kommt ihr in den Rotweinen von Anjou und der Touraine (Saumur, Bourgueil, Chinon) größte Bedeutung zu. Anbaugebiete in der Neuen Welt haben damit begonnen, Weine zu produzieren, die in der Hauptsache aus Cabernet Franc bestehen. Sie sind leichter und schmecken nach grünem Pfeffer und Erdbeeren.

Mourvedre

Diese Rebe wird in der Provence (Bandol) angebaut, in Spanien heißt sie Monastrell, in Australien und Kalifornien ist sie unter dem Namen Mataro bekannt. Sie ergibt körperreiche Weine mit fester Struktur und würzigen Brombeernoten.

Malbec

Man assoziiert diese Rebsorte mit den Weinen von Cahors in Südwestfrankreich, doch die besten Resultate zeitigt sie in Argentinien. Sie ergibt recht körperreiche Weine mit Aromen, die schwer zu definieren sind und an Gewürze und dunkles Obst erinnern.

Carmenere

In Chile sind weite Reflächen mit dieser Sorte bestockt, oft wird sie aber mit Merlot verwechselt. Sie ergibt Weine von tiefer Farbe, recht vollem Körper und runder Struktur mit Maulbeer- und Gewürznoten.

Barbera

Diese Rebe wird in weiten Gebieten Italiens angebaut. Sie ergibt mittelschwere Weine, die dank ihrer hohen Säure eine recht dichte Struktur haben. Die Aromen erinnern an bittere Früchte.

Ich hätte hier noch einige weitere Rebsorten aufführen können, aber mein Ziel war lediglich, eine kurze Übersicht jener Reben zu geben, die zugleich beliebt und bekannt sind und einen interessanten Charakter haben. Vergessen Sie nicht, dass die Weinwelt in Bewegung ist: Eine Sorte, die heute in einem bestimmten Gebiet nicht angebaut wird, könnte schon morgen dort eine wichtige Rolle spielen. Klassisches Beispiel dafür ist Neuseeland. In den frühen Siebzigerjahren kam von dort nur ganz wenig Sauvignon Blanc – Mitte der Achtzigerjahre hatte die Insel dank dieser Rebe ihren festen Platz unter den großen Wein erzeugenden Ländern der Welt.

Kapitel 3

Die Degustation

Bei der Weinverkostung setzen wir unsere Sinnesorgane ein, um zu sehen, zu riechen, zu schmecken und zu fühlen. In Fachkreisen wird deshalb auch von »sensorischer« oder »organoleptischer Beurteilung des Weins« gesprochen. Die Sinne spielen eine solch große Rolle beim Verkosten, dass Sie etwas über ihre Funktionsweise wissen sollten. Ganz einfach ausgedrückt, durchwandert eine physikalische oder chemische Substanz (Reiz genannt) beim Weinverkosten eines unserer Organe und berührt einen Rezeptor, dessen Nervenzelle (Neuron) ein Signal an das Gehirn schickt, das dort entsprechend ausgewertet wird (siehe Darstellung auf der gegenüberliegenden Seite).

Sehvermögen

Der optische Eindruck sagt uns etwas über das Erscheinungsbild eines Weins: über Farbton und Farbintensität sowie Klarheit, Brillanz, Perlage, Fluidität oder Viskosität. Man darf dabei nicht vergessen, dass unser optisches Urteil durch die Umgebung und die Qualität der Beleuchtung beeinflusst wird.

Die Sinne

Geruchssinn

Unser Geruchssinn ermöglicht uns die Wahrnehmung und Zuordnung flüchtiger Duftstoffe eines
Weins. Diese gasförmigen Bestandteile erreichen auf
zwei Wegen den Riechnerv im oberen Teil der Nasen-
höhle. In erster Linie durch unsere Nase, beim Ein-
atmen, aber auch über den Mund und den hinteren
Rachenraum, wo sich die Riechstoffe mit der Atem-
luft mischen und über den hinteren Abschnitt der
Nase zur Riechzone, dem Riechnerv, gelangen. Beide
Wege sind sehr wichtig, denn die Wahrnehmung
eines Dufts weicht jeweils voneinander ab. Im Ra-
chen setzt der erwärmte Wein nämlich zusätzliche
Duftpartikel frei, die einen leicht veränderten
Sinneseindruck erzeugen.

Die Funktionsweise der Sinne

	Sehvermögen	Geruchssinn *Nase*	Geruchssinn *Rachen*	Geschmackssinn	Tastsinn
Reiz	Lichtwellen	Duftmoleküle *gasförmig*	Duftmoleküle *gasförmig*	geschmackstra-gende Substanzen	geschmackstra-gende Substanzen
angeregtes Organ	Augen	Nase	Mund	Zunge	Gaumen
Rezeptor	Retina *(Netzhaut)*	Olfaktorius *(Riechnerv)*	Olfaktorius *(Riechnerv)*	Geschmacks-knospen	Trigeminus *(Geschmackssinn)*
Überträger	Neuronen *(Nervenzellen)*	Neuronen *(Nervenzellen)*	Neuronen *(Nervenzellen)*	Neuronen *(Nervenzellen)*	Neuronen *(Nervenzellen)*
Auswerter	Gehirn	Gehirn	Gehirn	Gehirn	Gehirn

Das Erinnerungsvermögen spielt bei einer Verkostung eine wesentliche Rolle, besonders wenn es um die Wahrnehmung von Düften geht. Düfte werden vom Gedächtnis wieder erkannt und identifiziert.

Unser Gehirn passt sich Gerüchen sehr schnell an, sie werden kaum noch wahrnehmbar. Ein typisches Beispiel für diese Adaption ist der längere Aufenthalt in einem stark nach Farbe oder Bleichmittel riechenden Raum. Eine Person, die den Raum betritt, wird den Geruch zunächst sehr deutlich wahrnehmen, ihn nach einer Weile jedoch kaum noch bemerken. Eine mögliche Erklärung für dieses Anpassungsvermögen an unangenehme Gerüche ist, dass es uns vor eben diesen Gerüchen schützen soll.

Geschmackssinn

Die in verschiedenen Papillen auf der Zunge liegenden Geschmacksknospen sind die Rezeptoren unseres Geschmackssinns. Die Geschmackswahrnehmung bezieht sich vermutlich nur auf die vier elementaren Empfindungen für Süße, Säure, Bitterkeit und Salzigkeit, wobei Letztere beim Wein keine große Rolle spielt und der Begriff Säure eher eine negative Assoziation hervorruft. Deshalb sprechen wir im Folgenden von Säuregrad, denn sauer gewordener Wein wird schließlich zu Essig.

International wird die Funktionsweise der menschlichen Sinne wissenschaftlich untersucht, denn noch ist längst nicht alles darüber bekannt. Professor Linda Bartoshuk von der medizinischen Fakultät der Yale University in den USA hat beispielsweise mithilfe

einer »Prop« genannten, chemischen Substanz das Wahrnehmungsvermögen im Mund von Testpersonen erforscht. Ihrem Forschungsergebnis zufolge wären 25 Prozent der Bevölkerung hervorragende Verkoster, darunter die Mehrheit Frauen. Bei 50 Prozent konnte sie eine durchschnittliche Begabung zum Verkosten feststellen, die restlichen 25 Prozent waren ungeeignet. Ihre Untersuchung zeigte: Je höher die Konzentration der Geschmacksknospen auf der Zunge ist, umso höher ist die Ausprägung des Geschmackssinns. Wie auch immer, der Test bezog sich lediglich auf die Geschmacksknospen und hat unseren Geruchs- und Tastsinn völlig außer Acht gelassen. Das ist zwar ausreichend, wenn es um die Einschätzung der Geschmackswahrnehmung geht, aber irreführend bei der Beschreibung des Geschmackssinns.

Ebenfalls an der Yale University haben Dr. Alberto Cruz und Dr. Barry Green in Tests nachgewiesen, dass die Serviertemperatur einer Speise Auswirkungen auf die Wahrnehmung von Süße, Säuregrad, Salzigkeit und Bitterkeit hat.

Die lange vorherrschende Überzeugung, mit der Zunge könnten nur diese vier elementaren Geschmacksrichtungen wahrgenommen werden, wird mittlerweile von anerkannten Wissenschaftlern infrage gestellt. Ein fünfter Geschmackseindruck namens »Umami« (von Professor K. Ikeda im Jahr 1912 entdeckt und publiziert), der eng mit dem weitverbreiteten Geschmacksverstärker Glutamat verbunden ist, findet zunehmend auch bei professionellen Weinverkostern wie Emile Peynaud in seinem Buch »Die hohe Schule für Weinkenner« Beachtung.

Die führende französische Neurologin Dr. Annick Faurion ist also nicht die Einzige, die vermutet, dass unsere Zunge mehr als nur die vier klassischen Geschmacksrichtungen erschmecken kann.

Dr. Faurion führt es auf Bequemlichkeit oder geistige Faulheit zurück, dass wir nur vier Begriffe in unserem Geschmacksvokabular parat haben. Ihrer Meinung nach gibt es eine Reihe endloser Geschmackseindrücke auf der Zunge, sodass die Wahrnehmung von Süße beispielsweise kein isoliert zu betrachtender Eindruck ist.

Dr. Faurion widerlegt auch die gängige Meinung, es gäbe nur definierte Bereiche auf der Zunge, die zum Schmecken in der Lage sind, beispielsweise die Zungenspitze zur Empfindung von Süße oder die seitlichen Ränder zur Empfindung von Salzigkeit. Natürlich brauchen wir beim Weintrinken, wie auch in vielen anderen Bereichen, einige einfache Richtlinien, um unser Verständnis und Urteilsvermögen zu leiten und Verwirrung angesichts einer Vielzahl möglicher Richtwerte zu vermeiden. Dennoch sollte nie außer Acht gelassen werden, dass eine vereinfachte Darstellung niemals das vollständige Bild wiedergibt.

Professionelle Verkoster nehmen freilich nur ungern Abschied vom einfachen und bewährten Konzept der vier oder fünf eindeutigen Geschmackseindrücke. Das ist so ähnlich wie in der Politik. Hierzulande ist ein demokratischer Politiker zunächst einmal Sozialdemokrat, Christdemokrat, Liberaler oder Grüner, obwohl wir wissen, dass innerhalb jeder großen Partei verschiedenste Flügel und Interessengruppen existieren und sich daraus eine sehr vielfältige politische Szene ergibt – genauso facettenreich können Geschmacksempfindungen sein, die auf den vier Basisrichtungen gründen.

Tastsinn

Beim Verkosten von Wein beschränkt sich der Tastsinn auf unmittelbar fühlbare, thermische und chemische Empfindungen im Mund. Sie ermöglichen es uns unter anderem, Körper, Konsistenz, Adstringenz und Temperatur sowie die Wirkung des Kohlensäure- und Schwefeldioxidgehalts eines Weins zu beurteilen. Der Trigeminus genannte Tastnerv im Kopfbereich spielt eine große Rolle bei der Übermittlung dieser Eindrücke an das Gehirn.

Die übliche Art, einen Wein zu verkosten, geht so vor sich: Man gießt sich Wein in ein Glas ein (füllt es aber nicht mehr als zu einem Drittel, s. Seite 17), prüft ihn mit dem Auge, riecht an ihm und nimmt dann ein wenig davon in den Mund. Schließlich kommt man auf der Basis all dieser Wahrnehmungen zu einer abschließenden Beurteilung. Das Vorgehen gliedert sich also in vier Abschnitte: Das Auge nimmt die optische Erscheinung des Weins wahr, die Nase sein Geruchsspektrum, der Gaumen den Geschmack – und zum Schluss kommt die Gesamtbewertung und Interpretation des Weins.

Innerhalb der einzelnen Abschnitte kommt es nicht darauf an, die Prüfung und Beurteilung sklavisch genau in der hier vorgeschlagenen Reihenfolge vorzunehmen. Bleiben Sie aber der Reihenfolge, für die Sie sich einmal entschieden haben, treu. So geht sie Ihnen rasch in Fleisch und Blut über, und Sie laufen nicht groß Gefahr, einen wesentlichen Aspekt zu vergessen.

Notieren Sie alle Eindrücke zu einem Wein, wenn Sie ihn prüfen, denn gestützt auf diese Aufzeichnungen werden Sie ihr abschließendes Urteil bilden. Je mehr Informationen Sie sammeln, desto präziser wird diese Bewertung sein. Bei jedem Teilaspekt zähle ich im Folgenden die gebräuchlichsten Ausdrücke zur Benennung einer Empfindung auf. Bei Wettbewerben für Sommeliers müssen die Kandidaten oft vor versammelter Zuhörerschaft die vollständige Beschreibung eines bestimmten Weins vortragen. Vorschläge für passende Beschreibungen Ihrer Eindrücke finden Sie in jedem Abschnitt.

Das Vorgehen

Optische Beurteilung

Füllen Sie das Degustierglas zu einem Drittel; halten Sie es am Stiel und neigen Sie es vor einem weißen Hintergrund etwas. Durch das Neigen des Glases erhält der Wein eine größere Oberfläche – das hilft Ihnen, den Farbverlauf von der Mitte zum Rand hin zu verfolgen und gibt Ihnen einen genaueren Eindruck der Farbintensität. Der größte Teil der Beurteilung findet zwar mit leicht geneigtem Glas statt, doch die Brillanz des Weins lässt sich am besten beurteilen, wenn der Wein im aufrecht gehaltenen Glas direkt von oben betrachtet wird.

Die optischen Beurteilungskriterien sind:

– Klarheit

– Brillanz

– Farbe

– Kohlensäure

– Konsistenz, Flüssigkeit/

  Viskosität

Viele dieser Kriterien hängen miteinander zusammen, doch im Sinne größter Gründlichkeit ist es wichtig, sie voneinander zu unterscheiden. So wird beispielsweise die Brillanz eines Weines zum Teil von seiner Klarheit bestimmt, doch nicht jeder klare Wein ist brillant.

Klarheit

Ein Wein sollte frei von sichtbaren Verunreinigungen sein und nicht trüb aussehen. Unfiltrierte Weine können weniger klar sein als die Mehrzahl der Weine, aber auch sie sollten keine eigentliche Unklarheit aufweisen. Wenn Sie Wein direkt vom Tank oder vom Fass verkosten, ist eine leichte Trübung allerdings fast unvermeidlich. Eine alte Flasche kann eine natürliche Ablagerung, ein Depot aufweisen. Dann dekantieren Sie die Flasche vor der Verkostung sorgfältig oder gießen Sie besonders vorsichtig ein.

Weißwein und Rosé: glanzhell, die etwas dunkleren Weine klar.

Rotwein: die sehr hellen glanzhell, die meisten klar, die tiefdunklen opak (undurchsichtig).

Negative Merkmale (für Weiß- und Rotwein): wolkig, unklar, trüb.

Brillanz

Der pH-Wert (Maßzahl für den Säuregrad einer Flüssigkeit) beeinflusst auch die Farbe eines Weins; je mehr Säure (je tiefer der pH-Wert), desto brillanter die Farbe. Das Maß der Brillanz hängt auch davon ab, wie der Wein während des Ausbaus behandelt wurde. Weine, die mit Kältestabilisierung behandelt, geschönt und geklärt und scharf filtriert wurden, werden brillanter sein als Weine, mit denen im Verlauf des Reifungsprozesses weniger gemacht wurde.

Auge

Ein Wein sollte jedoch nicht glanzlos und matt sein – auch ein vollkommen undurchsichtiger, opaker Rotwein nicht. Ist er es doch, so ist dies ein Zeichen von Abbau.

Weißwein, Rosé und Rotwein: glanzhell, gefolgt von brillant und hell. Die Unterschiede sind kaum wahrnehmbar, persönlich verwende ich den Ausdruck »glanzhell« für ganz helle Weißweine, um ihre Brillanz zu betonen.

Negativ: glanzlos, matt.

Farbe

Die Farbe eines Weins wird hauptsächlich durch das Klima, die Traubensorte, den Reifegrad der Beeren bei der Ernte, die Keltermethoden und das Alter des Weins bestimmt.

Kühlere Klimazonen bringen Weine von hellerer Farbe hervor, wärmere Gebiete dunklere Weine.

Bei Weißweinen ist die Traubensorte weniger wichtig, wenngleich einige (etwa Gewürztraminer) eine vollere Farbe ergeben. Bei Rosés und Rotweinen spielt die Traubensorte eine entscheidende Rolle, denn einige Sorten haben mehr Farbpigmente in den Beerenhäuten eingelagert als andere. Cabernet Sauvignon und Shiraz ergeben sehr dunkle Rotweine, Pinot Noir ist im Allgemeinen von hellerer Farbe.

Der Reifegrad der Beeren hat eine augenfällige Auswirkung: Je reifer die Beeren, desto tiefer die Farbe.

Bei der Kellertechnik ergeben kühle Temperaturen und Reifung in Edelstahltanks hellere Farben. Ausbau in Eichenholz führt wegen der Oxidation bei Weißwein eher zu tieferen Farbtönen, doch sehr alte Holzbehälter sind so luftdicht, dass kaum eine Oxidation mehr stattfindet. Je länger bei der Kelterung von Rosés und Rotweinen der Most während der Gärung in Kontakt mit den Beerenhäuten bleibt, desto mehr Farbe wird aus ihnen gelöst – und desto voller ist folglich die Farbe des Weins. Ein langer Ausbau im Holzfass (drei bis fünf Jahre oder mehr) beschleunigt bei Rotwein den Farbabbau.

Je trockener die Beeren bei der Süßweinproduktion sind (gleichgültig, ob dank Edelfäule oder durch Trocknung), desto dunkler wird der Wein. Bei alkoholverstärkten Weinen führt geringerer Sauerstoffkontakt zu hellerer Farbe, intensiverer Sauerstoffkontakt zu dunkleren Farbtönen.

Je jünger ein Weißwein ist, desto heller ist seine Farbe; je älter, desto dunkler ist er wegen der Oxidation. Je jünger ein Rosé oder Rotwein ist, desto tiefer ist seine Farbe; je älter, desto heller – die allmähliche Ablagerung von Farbpigmenten und Tanninverbindungen während des Reifeprozesses lassen ihn Farbe verlieren.

Farbtöne

Weißwein: In seiner Jugend ist ein Weißwein von grünlich-gelber Farbe, allmählich geht er in bräunliches Gelb über (in diesem Stadium ist er fast tot). *Farbtöne eines Weißweins mit zunehmender Reife:* wässrig, blassgelb, grüngelb, zitronengelb, helles Gold, tiefes Gold, braungelb.

Rosé: Der Farbton von Rosés wird nicht so sehr durch ihr Alter bestimmt (ganz einfach weil sie meistens jung getrunken werden), sondern durch die Traubensorte und die bei der Vinifikation angewandten Methoden.

Rosé-Farbtöne, von frisch bis voll: himbeerrot, erdbeer-
rot, grenadinerot, lachsrosa, aprikosenfarben.

Rotwein: In seiner Jugend ist Rotwein purpurrot,
das Ende seines Lebens bestimmen Brauntöne.

Farbtöne eines Rotweins mit zunehmender Reife: pur-
pur, rubinrot, johannisbeerrot, granatrot, kirschrot,
orangerot, ziegelrot, gelbbraun, braun.

Alkoholverstärkte Weine und Süßweine:
Generelle Aussagen zur Farbe dieser Weine sind
schwierig, da bei deren Vinifikation viele verschiedene Methoden angewandt werden. Auch ist ihre
Lebenserwartung bedeutend höher als die anderer
Weine. Madeiras oder Jahrgangs-Portweine sind
durchaus trinkbar, wenn sie weit über fünfzig Jahre
alt sind. Zu den Farbtönen von Weißwein, Rosé
und Rotwein kommen also noch ein paar neue hinzu: kupferfarben, bronzefarben, terrakotta, kastanien-
braun, backpflaumenfarben, grünbraun.

Farbverlauf

Entscheidend für die Bestimmung des Farbverlaufs
ist, dass Sie das Glas geneigt halten. Die Farbe des
Weins wird gegen den Rand hin eine leicht andere
Tönung aufweisen, oder im Zentrum zeigen sich
etwas andere Farbtöne, so genannte Reflexe. Weil
Rotweine in der Farbe voller sind als Weißweine,
haben sie auch einen kräftigeren Farbverlauf (ihre
Farbe im Zentrum ist tiefer); der Verlauf der Farbe
am Glasrand spielt bei ihnen eine größere Rolle,
bei Weißweinen sind es wegen der größeren Klarheit und Brillanz die Reflexe. Wasserhelle Farbe am
Rand ist ein Zeichen für die Reife eines Rotweins,
leuchtende Reflexe im Zentrum zeichnen reife
Weißweine aus.

Rotwein-Randfarben mit zunehmender Reife: violett, rosa, kirschrot, granatrot, ziegelrot, gelbbraun (tawny), braun. Sie können auch die Bezeichnungen verwenden, die wir für die Weinfarben angegeben haben, aber machen Sie die Sache nicht zu kompliziert. Sie sollten allerdings nicht dieselbe Beschreibung für den Rand und die Weinfarbe selbst wählen, denn das würde heißen, dass der Wein keinen Farbverlauf zum Rand hin hat.

Reflexe in Weißwein mit zunehmender Reife: silbern, grün, strohgelb, golden, bronzefarben. Auch hier können Sie auf die Weinfarben zurückgreifen, aber bleiben Sie möglichst einfach. Reflexe können so kräftig sein, dass sie als ein Teil der Weinfarbe angesehen werden können, zum Beispiel grünlichgelb.

Intensität

Die Farbintensität eines Weins ist sehr aufschlussreich: Sie gibt Informationen über das Klima, die Rebsorte (besonders bei Rotweinen) und den Reifegrad der Beeren bei der Ernte, die Methoden der Vinifikation, das Alter des Weins und seine Reife.
Weißwein und Rosé: blass, schwach, mittel, voll.
Rotwein: schwach, mittel, voll, dicht, opak.

Einige Farbbbezeichnungen enthalten bereits eine Aussage über die Intensität, zum Beispiel blassgelb. Es ist sinnlos, diese Information zu wiederholen und von einem blassgelben Weißwein zu sagen, er sei von blasser Intensität. Machen Sie in solchen Fällen keine eigene Notiz oder verweisen Sie einfach auf die Farbe.

Kohlensäure

Jeder Wein enthält ein wenig Kohlensäure (CO_2), doch bei den meisten Stillweinen ist der Gehalt so niedrig, dass sie nicht sichtbar ist. Sehr junge Weine, oft solche, die auch jung getrunken werden sollten, können jedoch etwas mehr Kohlensäure enthalten, weil etwas mehr Gas von der alkoholischen Gärung im Wein belassen oder danach hinzugefügt wurde, um den Wein künstlich frischer zu machen. Dann werden im Wein Bläschen sichtbar, die aufsteigen. Möglich, wenn auch heute nicht mehr besonders häufig, ist es, dass in einer Flasche eine zweite Gärung stattgefunden hat. In diesem Fall sind nicht nur Bläschen zu sehen, sondern der Wein wird durch die Hefe dieser Flaschengärung etwas unklar, ja trübe. Natürlich enthalten Schaumweine jede Menge Kohlensäure.

Achten Sie bei Stillweinen auf das Fehlen oder Vorhandensein von Kohlensäure. Wenn Sie Bläschen sehen, notieren Sie deren Zahl und Größe – sind es viele oder nur wenige, sind sie groß oder klein?

Achten Sie bei Schaumweinen auf die Menge der Bläschen, deren Größe, die Geschwindigkeit, mit der sie sich bilden, und die Zeit, die sie sich als Schaum halten.

Kohlensäuregehalt: keine Bläschen sichtbar bzw. kleine respektive große Zahl kleiner, mittlerer bzw. großer Gasbläschen (Perlen), die ziemlich rasch, rasch oder sehr rasch aufsteigen und für kurze oder längere Zeit eine Schaumschicht (Mousseux) bilden.

Bei einem guten Schaumwein sollte sich eine recht beständige Schicht kleiner Bläschen bilden, die sich an der Oberfläche sanft öffnen und durch einen kontinuierlichen Strom neuer vom Glasgrund aufsteigender Bläschen ergänzt werden. Soweit die Theorie, doch in der Praxis sieht es nicht immer so aus. Das Glas kann die Bläschenbildung stören. Verschwenderischer Einsatz von Spülmittel kann verheerende Folgen für die Qualität des Schaums haben, und ein Kratzer am Boden des Glases kann für eine größere Menge Bläschen verantwortlich sein, weil sich an jeder Unebenheit mehr Bläschen bilden. Ältere Schaumweine haben einen Teil ihrer Kohlensäure verloren und schäumen deshalb weniger. Die Beurteilung der Schaumbildung eines Schaumweins gibt nicht immer ein sehr genaues Bild von dessen Qualität. Dies vorausgeschickt, sind im Allgemeinen große Bläschen und eine kurze Verweildauer des Schaums im Glas Hinweise auf eine bescheidenere Weinqualität.

Konsistenz, Flüssigkeit/ Viskosität

Je höher der Alkohol- und der Restzuckergehalt bei Weinen, die nicht trocken sind, je tiefer die Farbe und je massiver die Tannine bei Rotweinen, desto voller und viskoser wird der Wein erscheinen. Diese Eigenschaften sind am besten zu erkennen, indem man den Wein vorsichtig im Glas kreisen lässt. Dann können Sie bestimmen, ob der Wein sehr dünnflüssig, flüssig, eher viskos oder zähflüssig aussieht.

Einige Verkoster achten auf die »Tränen« (auch »Kirchenfenster« genannt, englisch »legs«), die sich nach dem Kreisen an der Glasinnenwand bilden und langsam in den Wein zurückfließen, und notieren deren Dicke und Fließgeschwindigkeit. Diese Tränen entstehen, weil die unterschiedliche Flüchtigkeit von Alkohol und Wasser auf der Innenseite des Glases eine größere Oberflächenspannung erzeugt, die die Flüssigkeit zunächst steigen und danach wieder nach unten fließen lässt. Je höher der Alkoholgehalt, desto mehr Tränen sind sichtbar. Auch hier kann die Art und Weise, wie das Glas gewaschen wurde, eine Rolle spielen.

Für mich persönlich sind Tränen ein erster Hinweis auf den Alkoholgehalt eines Weins, aber ich messe ihnen sonst kein allzu großes Gewicht bei.

Nach diesem ersten Abschnitt, der optischen Beurteilung, kann es hilfreich sein, erste Eindrücke bezüglich Klima, Reife des Weins, Qualität, Jahrgang etc. festzuhalten, aber hüten Sie sich davor, übereilt definitive Schlüsse zu ziehen.

Der richtige Riecher

Bitte beachten Sie für diesen Abschnitt, dass Sie jeden Wein gleich behandeln, also am einen ebenso lange riechen wie am anderen. Auf diese Art können wir die Weine gerechter beurteilen. Ich rieche an einem Wein zwei-, dreimal kurz, mache eine Pause und rieche dann einmal längere Zeit daran, um neue Aromen zu entdecken. Um aus einem Wein das Maximum herauszuriechen, müssen Sie das Glas schwenken und den Wein darin kreisen lassen, bevor Sie mit der Nase daran schnuppern. So werden mehr Geruchsmoleküle freigesetzt, der Duft des Weins entfaltet sich besser. Das erklärt auch, warum das Glas sich zum Rand hin verjüngen und nicht mehr als zu einem Drittel gefüllt werden soll. Ohne Gefahr von Rotweinflecken auf dem Teppich lässt sich das Schwenken übrigens im Badezimmer oder im Garten mit Wasser üben, bis Sie den Dreh raushaben. Oder Sie lassen das Glas auf dem Tisch stehen und führen damit langsame Kreisbewegungen aus, ohne dass sein Fuß den Kontakt mit der Tischplatte verliert.

Die Beurteilungskriterien dieses Abschnitts sind:

– Zustand

– Intensität

– Charakter

Nase

Zustand

Das Erste, worauf Sie sich konzentrieren müssen, wenn Sie an einem Wein riechen, ist dessen Zustand; es geht mit anderen Worten um die Frage, ob der Wein überhaupt trinkbar ist. Der häufigste Weinfehler ist der so genannte Korkschmecker, es gibt jedoch weitere (s. Kapitel 4, Seite 96–99, Weinfehler). Manche Weine sind vielleicht zwar nicht fehlerhaft, riechen aber recht eigenartig.

Positiv: sauber, reintönig.
Fraglich: eigenartig, seltsam, zweifelhaft.
Negativ: fehlerhaft.

Intensität

Es ist erstaunlich, wie unterschiedlich Weine riechen können; manche Weine riechen beinahe nach nichts, andere überwältigen einen geradezu. Einer der Hauptgründe dafür ist die Rebsorte, aus welcher der jeweilige Wein gekeltert worden ist. Auch andere Faktoren können eine Rolle spielen, so wird zum Beispiel ein etwas erhöhter Kohlensäuregehalt in einem Stillwein dessen Aroma verstärken und ihm ein frischeres Bukett verleihen.

Geruch in aufsteigender Folge der Intensität: verschlossen, schwach, verhalten, ziemlich offen, offen, kräftig, äußerst kräftig.

Festzuhalten ist, dass ein Wein keine kräftige Nase zu haben braucht, um ein großer Wein zu sein. Manche sehr gute Weine durchlaufen eine »verschlossene« Phase, dann haben sie eine »verhaltene« Nase – aber nach ein paar Jahren beginnen sie ein wundervolles Bukett zu entwickeln.

Charakter

Hier betrachten wir die wichtigsten Duftgruppen (Früchte, florale, animalische oder mineralische Noten etc.) und ordnen sie den verschiedenen Weinarten zu. Ein Geruch kann nur wahrgenommen werden, wenn seine Komponenten flüchtig, also gasförmig sind. Im Anhang Seite 180–183 werden die wichtigsten Stoffe vorgestellt, aus denen sich ein Wein zusammensetzt, und ihre Rolle für den Geschmack des Weins wird kurz erklärt.

Manche Düfte, die ein Wein haben kann, kommen als einzelne chemische Komponenten (zum Beispiel Aldehyde und Ester) auch in anderen Produkten vor. Man könnte sie natürlich mit ihrer chemischen Bezeichnung benennen, was Önologen oft auch tun, doch das wäre kompliziert, verwirrend und außerhalb des Labors offen gestanden auch etwas angeberisch. Und wenn man einen Stoff bei seinem chemischen Namen nennt, müsste man das mit allen tun. Es klingt unmöglich, wenn man von einem Wein sagt, er habe einen angenehmen Methoxypyrazin-Geruch (wenn er nach Kräutern riecht), von einem anderen, er rieche nach Melone und sei enttäuschend.

Die Geruchskomponenten eines Weins können direkt von den Beeren oder den klimatischen Bedingungen herrühren oder sich während der Vinifikation und/oder der Reifung oder während des Alterungsprozesses bilden.

Nach Trauben duften Weine, die aus aromatischen Sorten gekeltert wurden, aber nur solange sie noch jung sind. Später überwiegen andere Noten (und aromatische Rebsorten können ihre Identität je nach der Kellertechnik verlieren, zum Beispiel durch neues

Eichenholz). Junge aromatische Weine riechen oft nach frischen Früchten (Äpfel, Passionsfrucht, Aprikosen) und frischen Blumen (Rosen, Veilchen).

Natürlich spielen die klimatischen Bedingungen bei der Duftzusammensetzung eines Weins eine Rolle. Weine aus Trauben, die in kühleren Klimazonen gewachsen sind, werden »grüner« riechen (nach Äpfeln, Kräutern, Waldbeeren) als Weine aus wärmeren Regionen (sie riechen nach exotischen Früchten, Zwetschgen, Rosinen). Darüber hinaus kann der Zeitpunkt der Lese eine ähnliche Wirkung zeitigen: Eine frühe Lese hat denselben Effekt wie kühles Klima, späte Lese wie warmes Klima.

Vinifikations- und Reifungsgerüche finden sich in Weinen, die aus weniger aromatischen Rebsorten gekeltert wurden, und wo die Kellertechnik den Geruch des Weins stark prägt. Wie wir im letzten Kapitel gesehen haben, sind Ganztraubengärung, geschmacksprägende Hefestämme, Kaltvergärung, Ausbau in neuem Eichenholz, malolaktische Gärung, Reifung unter Florhefe, oxidative Reifung und Reifung auf der Hefe Vinifikationsmethoden, die einen großen Einfluss auf das Aroma eines Weins haben.

Nach und nach nehmen Reifungs- oder Altersnoten überhand, aber der exakte Zeitpunkt ist nicht bestimmbar: Bei manchen Weinen geschieht dies schon nach fünf Jahren, bei anderen erst nach zehn oder mehr Jahren oder noch später. Achtung: Nur eine kleine Zahl von Weinen profitiert von dieser Aromentransformation. Weine mit Lagerpotenzial lassen sich in zwei klar zu unterscheidende Kategorien einteilen: die reduktive und die oxidative. Zu den reduktiv reifenden Weinen gehören die meisten klassischen roten und weißen Stillweine. Sie werden

ein, zwei Jahre nach der Gärung auf Flaschen gezogen. Wenn sie zehn, zwanzig oder noch mehr Jahre später getrunken werden, haben sie den größten Teil ihres Reifungsprozesses in der Flasche und praktisch ohne Sauerstoffkontakt durchgemacht. Unter diesen Bedingungen entwickeln Weine wunderbare Aromen, oft animalisch (Wild, Leder) oder vegetativ (Moos, Trüffel) und andere, die nicht so leicht einzuordnen sind wie Schokolade oder Tabak. Manche Arten reduktiver Gerüche können in der Kellerei schon viel früher entstehen, wenn die Weine, insbesondere Rotweine, nicht genug Sauerstoffkontakt bekommen. Manchmal riecht ein Wein dann unangenehm, zu stark nach Wild, und kann sich nach der schlechten Seite entwickeln (siehe Weinfehler, Schwefelwasserstoff, Kapitel 4, Seite 98). Bei einem jungen Wein kann jedoch eine leicht reduktive Note durchaus akzeptabel sein, obwohl frische reduktive Noten niemals dieselbe Finesse haben wie jene, die durch jahrelange Flaschenreifung entstehen.

Die andere Kategorie bilden die oxidativ, unter Sauerstoffkontakt gereiften Weine (siehe Kapitel 2, Seite 40). Diese Weine werden oft jahrelang (fünf, zehn oder mehr Jahre) in Holzfässern ausgebaut und dabei einem stetigen, maßvollen Sauerstoffkontakt ausgesetzt, bevor man sie auf Flaschen zieht. Wie bereits erwähnt, wird diese Technik hauptsächlich für einige Arten von alkoholverstärkten Weinen angewandt. Machen Sie sich auf Gerüche gefasst, die an Nüsse, Toffees, Karamell, Muskatnuss und sogar Möbelpolitur erinnern.

Noch ein Hinweis: Sie werden feststellen, dass manche Degusatoren von Aroma sprechen, andere von Bukett. Technisch gesehen bedeutet »Aroma« den Geruch eines jungen Weins, als »Bukett« bezeichnet man die komplexeren Gerüche älterer Weine. Viele, auch viele Önologen sprechen einfach von »Nase«, wenn sie die Gesamtheit der Geruchsnoten meinen.

Manche Degustatoren sind der Ansicht, es gebe eine weitere Quelle wundervoller und einzigartiger Düfte. Sie meinen das *Terroir*, das Zusammenspiel von Boden, Klima und Lage, wo die Trauben gewachsen sind. Der Einfluss klimatischer Bedingungen auf die Nase eines Weins ist für sich genommen relativ offensichtlich, bezieht man jedoch Lage und Boden in die Gleichung mit ein, wird alles viel schwieriger zu verstehen. Dennoch gibt es keinen Zweifel, dass einige Gegenden Weine mit wahrhaft unnachahmlichen Düften hervorbringen, die weder durch die klimatischen Gegebenheiten allein noch durch die Rebsorte, die Kellertechnik oder den Alterungsprozess erklärt werden können. Meiner Meinung nach ist der Faktor Terroir aber nicht gänzlich isoliert zu betrachten, sondern vielmehr im Zusammenhang mit anderen Gerüchen zu sehen, die durch ihn verstärkt und ergänzt, aber nicht zur Gänze

ersetzt werden. Die Nase eines großen Rieslings von der Mosel, eines roten Bordeaux oder eines Shiraz aus dem Barossa Valley reflektiert die Rebsorte, aus welcher der Wein gekeltert worden ist, zum Teil auch die Kellertechnik und im Falle eines älteren Weins auch den Reifeprozess, doch bei jedem dieser Beispiele ist da unbestreitbar eine zusätzliche Dimension, die ich dem *Terroir* zuschreiben würde. Zu den häufigsten Gerüchen, die man in Wein antrifft, gehören:

Fruchtnoten: (grün, rot/schwarz, Zitrusfrüchte, exotische Früchte, Steinobst etc.) gedörrt, kandiert, als Kompott, gebacken, geröstet, im Rumtopf, als Konfitüre. Apfel, Stachelbeere, Traube, schwarze Johannisbeere, Brombeere, Himbeere, Erdbeere, Walderdbeere, Limette, Zitrone, Grapefruit, Bergamotte, Passionsfrucht, Mango, Litschi, Papaya, Ananas, Kokosnuss, Kiwi, Banane, Zwetschge, gelbe Pflaume, Reneklode, Guave, schwarze Kirsche, Weichselkirsche, Aprikose, Pfirsich, Birne, Quitte, Melone, Rosinen, Feige, Backpflaumen, Mandeln, Haselnuss, Walnuss, rote Johannisbeere, Granatapfel, Orange.

Frische Blüten: Rose, Veilchen, Geißblatt, Orangenblüten, Jasmin, Lavendel, Holunderblüten.

Getrocknete Blüten und Pflanzen: Rose, Lavendel, Majoran, Rittersporn, Hopfen; doch generell gehen Degustatoren hier nicht ins Detail und sprechen oft einfach von »Trockenblumen«.

Gewürz-/Gebäcknoten: schwarzer Pfeffer, Nelken, Muskatnuss, Zimt, Safran, Ingwer, Lakritze, Butterscotch, Karamell, Toffee, Vanille, Butter, Kaffee, Mokka, Schokolade, Kokosnuss, Pralinen, Honig, Pfefferminze, Ingwerbrot, Custard Cream, Sorbet, Anis, Marzipan, Ahornsirup, Getreide, geröstetes Getreide, Biskuit, Brot, Brioche, Croissant, Zedernholz, Zigarrenkiste, Bleistiftmine (Graphit).

Vegetative Noten: Gras, Heu, Kräuter, Nesseln, grüner Pfeffer, Trüffel (schwarz oder weiß), Moos, Humus, Unterholz, Eukalyptus, Minze, Fenchel, Büchsenspargel, Pilze, Thymian, Lorbeer, Limettenblätter, Farn, Rhabarber.

Chemische Noten: Petrol/Kerosin, Nagellack, Teer, Gummi, Möbelpolitur.

Animalische Noten: Wild, Fasan, Stallgeruch, Leder.

Weitere Noten: Tabak, Wollfett, Malz, Bienenwachs, Hefe, mineralische Noten, Feuerstein, Staub, Schinkenspeck, saure Drops.

Fast alle erwähnten Geruchsnoten sind positiv zu bewerten, aber einige (Stall, Hefe) können ins Negative umschlagen, wenn sie dominieren. Eine Zusammenstellung eindeutig fehlerhafter Gerüche finden Sie auf Seite 96–99.

Vielleicht möchten Sie ein paar Beobachtungen und Eindrücke festhalten, wenn Sie mit diesem Abschnitt fertig sind. Achten Sie aber auch jetzt darauf, keine vorschnellen Schlüsse zu ziehen. Prüfen Sie, ob die Nase Ihre Notizen zum optischen Eindruck bestätigt (Reife, Qualität des Jahrgangs etc.). Welche neuen Hinweise gibt die Nase (auf die Kellertechnik, die Rebsorte etc.)?

Der Geschmack

Nachdem Sie an dem Wein gerochen haben, nehmen Sie einen guten Schluck in den Mund, nicht zu viel, aber genug, um ihn hinreichend wahrzunehmen und fühlen zu können. Sie müssen den Wein eine Weile im Mund behalten, zehn bis zwanzig Sekunden. Versuchen Sie, jedem Wein gleich viel Zeit einzuräumen. Sie sollten den Wein beinahe kauen, um ihn auf den Geschmacksknospen gleichmäßig zu verteilen. Ziehen Sie von Zeit zu Zeit etwas Luft zwischen den Zähnen ein. Während Sie den Wein im Mund halten, erwärmt er sich und präsentiert dadurch neue Geschmackskomponenten. Die eingesogene Luft ermöglicht den Duftmolekülen, das Geruchszentrum, den so genannten Riechkolben, zu erreichen. Wenn Sie mit Ihrer Beurteilung schließlich fertig sind, spucken Sie den Wein vorsichtig aus und registrieren den Eindruck, den er am Gaumen hinterlässt. All das erfordert etwas Übung, aber es lässt sich leicht lernen – und macht Spaß!

Der Gaumeneindruck wird von wichtigen Komponenten des Weins bestimmt, die man einzeln und in ihrem Zusammenspiel wahrnimmt. So ensteht ein erstes Bild des Weins, das durch den so genannten Abgang (das Finale) vervollständigt wird, wenn der Wein ausgespuckt oder geschluckt wird.

Die Beurteilungskriterien dieses Abschnitts sind:

– Zuckergehalt

– Säuregehalt

– Alkoholgehalt

– Tannine/Gerbsäuren

– Kohlensäure

– Körper

– Struktur/Textur

– Geschmack

– Balance

– Länge im Abgang

Es ist zwar sinnvoll, die einzelnen Kriterien für sich zu betrachten, vergessen Sie aber nie, dass jedes dieser Kriterien durch die anderen beeinflusst wird und sie von einander abhängen. So kann beispielsweise der Eindruck von Säure durch Süße überdeckt werden.

Zuckergehalt

Je höher der Restzuckergehalt in einem Wein ist, desto süßer wird er schmecken. Doch der Eindruck von Süße kann durch einen hohen Säuregehalt verringert werden bzw. wegen niedriger Säurewerte stärker erscheinen. Süße ist ein weicher, glatter, milder Sinneseindruck, den die meisten Leute, insbesondere Liebhaber von Nachspeisen und andere Leckermäuler, kennen und lieben. Halten Sie sich im Zweifelsfalle an einen Löffel Honig oder ein Stück Würfelzucker.
Süßegrad, aufsteigend: knochentrocken, trocken, halbtrocken, mild, lieblich, süß, edelsüß.

Säuregehalt

Je höher in einem Wein der Säuregrad einerseits, je tiefer der Restzuckergehalt andererseits, desto stärker wird der Eindruck von Säure sein. Säure erzeugt ein frisches, knackiges Gefühl auf der Zunge. Es gibt aber Leute, die »sauer« und »bitter« verwechseln. Um die Geschmacksempfindung »sauer« in Reinkultur zu erleben, beißen Sie am besten in eine frische Zitrone. Um zu wissen, was »bitter« ist, nehmen Sie einen Schluck starken Kaffee (ohne Milch und Zucker) oder Tonicwater.
Säuregehalt, aufsteigend: niedrig, bescheiden, mäßig, markant, hoch.

Alkoholgehalt

Es ist schwierig, den Geschmack von Alkohol genau zu beschreiben. Er erzeugt das Gefühl von ganz leichter Süße, und höhere Konzentrationen einen warmen, beinahe brennenden Sinneseindruck. Verdünnen Sie einen Teil reinen Wodka (40 Vol.-%) mit zwei Teilen Wasser, um das Süßliche zu schmecken. Um die Wärme zu spüren, die eine höhere Alkoholgradation erzeugt, mischen Sie Wodka und Wasser zu gleichen Teilen.
Alkoholgehalt, aufsteigend: niedrig, bescheiden, moderat, beachtlich, hoch.

Tannine / Gerbsäure

Weil Gerbsäuren grundsätzlich aus den Beerenhäuten und den Stielen (den so genannten Kämmen) der Trauben stammen, ist der Tanningehalt vor allem bei Rotwein ein Thema. Aber auch Ausbau in Eichenholz fügt dem Wein etwas Tannin hinzu, sodass

Weißweine, die eine Zeit lang in neuen Barriques lagen, mehr Gerbsäure aufweisen als solche, die ausschließlich in Edelstahltanks vinifiziert wurden, wenn auch niemals so viel wie ein traditionell erzeugter Rotwein. Tannine lassen die Gaumenschleimhäute austrocknen und sich zusammenziehen. Diesen Effekt nennt man Adstringenz, er erzeugt im Mund den Eindruck von Härte. Er sollte nicht mit Bitterkeit verwechselt werden, aber unreife Tannine sind tatsächlich auch etwas bitter. Die Stärke der Adstringenz ist in erster Linie abhängig vom Tanningehalt der Trauben, der Menge der Gerbsäure, die während der Maischung und Gärung aus den Beerenhäuten und Kämmen extrahiert wird, und dem Reifegrad eines Weins (während der Flaschenreifung verändern sich die Tannine langsam und stetig und setzen sich schließlich als so genanntes Depot auf dem Flaschengrund ab). Um ein gutes Beispiel für die Adstringenz der Tannine zu bekommen, lassen Sie in einer Tasse zwei Teebeutel eine Weile lang ziehen und vergleichen Sie diesen Geschmack mit dem einer Tasse Tee, in der nur ein Teebeutel nur ganz kurz gezogen hat.

Tanningehalt, aufsteigend: schwach (negativ), weich, ausgewogen, kräftig, rau (negativ).

Solange sie nicht rau daherkommen, sind kräftigere Tannine akzeptabel und in einem jungen Rotwein oft zu erwarten, aber auch ein junger Rotwein braucht keine kräftigen Tannine zu haben, um gut zu sein.

Kohlensäure

Auch Stillweine enthalten etwas Kohlensäure, aber in den meisten Fällen ist der Gehalt so tief, dass man sie am Gaumen nicht spürt. Wenn das CO_2 sich jedoch ganz verflüchtigt hätte, würde er flach schmecken. Tatsächlich wird einigen jungen Weinen etwas Kohlensäure zugesetzt, um sie in der Struktur etwas frischer zu machen. Der Sinneseindruck von Kohlensäure ist jenem von Säure nicht unähnlich.

Kohlensäure in Stillweinen, aufsteigend: frisch, spritzig, prickelnd (bei einem Stillwein eher negativ).

Junge Schaumweine sind frisch bis sehr frisch, ältere schäumen viel weniger.

Bei jungen Schaumweinen: erfrischend, jugendlich, schäumend, grün (negativ), Sie können aber auch Bezeichnungen für Säure wie knackig oder frisch verwenden.

Bei reifen Schaumweinen: Es gibt nur wenig Wörter, um dieses sanfte Prickeln zu beschreiben. Die Franzosen nennen es »crémant« – leicht cremig, recht cremig, sehr cremig.

Körper

Hier geht es um den subjektiven Eindruck von Gewicht, den der Wein im Mund gibt. Dieser Eindruck rührt vom Alkohol und den nicht-flüchtigen Inhaltsstoffen eines Weins her (Säuren, Polyphenolen, mineralischen Verbindungen, Glyzerin und Restzucker), die man unter der Bezeichnung Extrakt zusammenfasst. Wenn Sie es seltsam finden, vom Gewicht eines Weins zu sprechen, vergleichen Sie die unterschiedlichen Impressionen, die Sie beim Trinken von Vollmilch, teilentrahmter Milch und Magermilch empfinden.

Körper, aufsteigend: dünn, leicht, mittelschwer, voll, körperreich, schwer.

Struktur / Textur

Die Struktur eine Weins ist nicht einfach zu definieren, man kann sie als die Kombination seines Körpers und seiner Textur sehen. Die Textur eines Weins wiederum resultiert aus dem Zusammenspiel der Menge und Qualität von Restzucker, Säure, Alkohol und Tanninen. Darüber hinaus spielt mit ihrer Wirkung auf den Gaumen auch die Geschmackskonzentration eine Rolle bei der Zusammensetzung der Struktur eines Weins.

Alle Arten von Wörtern sind schon verwendet worden, um die Struktur eines Weins zu beschreiben. In diesem Abschnitt habe ich sieben der geläufigsten Ausdrücke der Weinsprache gewählt und ihnen ein Bezeichnungspaar zur Seite gestellt, das entweder als Synonym oder als Ergänzung dienen kann, wobei sich zumeist eines spezifisch auf Weißwein bezieht, das andere auf Rotwein. Die erste und die letzte Bezeichnung beschreiben einen negativen Eindruck, die dazwischen liegenden fünf positive.

Rau: eine negative Bezeichnung für Weine, deren Struktur zu wünschen übrig lässt und entweder von Säure (scharf) oder von Tanninen (hart) dominiert wird. In dieselbe Gruppe gehören Weine, die ihren Geschmack eingebüßt haben und fast nur noch Säure oder Tannin aufzuweisen haben (ausgezehrt).

Gediegen: eine positive Bezeichnung für körperreiche Weine mit einer exzellenten Struktur, aber entweder dominanter Säure wie in manchen Weißweinen (stahlig) oder festen, reifen Tanninen (robust).

Dicht: eine positive Bezeichnung für Weine, die leichter sind als die zuvor genannten, ebenfalls mit einer hervorragenden Struktur, aber auch mit entweder dominanter Säure (knackig) oder festen/reifen Tanninen (dicht gewoben).

Saftig: eine positive Bezeichnung für Weine, die weder von Säure noch von Tanninen dominiert werden, aber dennoch das Gefühl von schöner Kraft vermitteln, wenn auch auf andere Weise. Zu dieser Gruppe gehören für mich die jugendlicheren Weine, die von ihren unbändigen Fruchtaromen dominiert werden, sowohl die weißen (frisch) wie die roten (lebhaft).

Geschmeidig: eine positive Bezeichnung für leichte oder mittelschwere Weine, die dank ausreichend hoher Säure (delikat) oder Tanningehalt (seiden) am Gaumen ein sanftes Gefühl hervorrufen, das den Wein kaum wahrnehmbar stützt.

Rund: eine positive Bezeichnung für körperreiche Weine mit guter Textur ohne harte Kanten, entweder weiß (fett) oder rot (samtig).

Flach: eine negative Bezeichnung für Weine mit dürftiger Struktur, die meist auf zu wenig Säure (schlaff), manchmal zusätzlich auf viel zu viel Restzucker (klebrig) zurückzuführen ist. Die Bezeichnung flach kann auch für Schaumweine (in seltenen Fällen sogar für Stillweine) mit zu wenig Kohlensäure verwendet werden.

Natürlich gibt es noch weitere Wörter, die sich perfekt für die Beschreibung der Struktur eines Weins eignen: harsch, unreif, hart, zäh, streng, verschlossen auf der negativen Seite, auf der positiven reich, üppig, mild, fleischig, voluminös, kompakt, aber auch Ausdrücke aus anderen Abschnitten wie weich, fest, rassig oder cremig.

Geschmack

Eine umfassende Definition des Begriffs »Geschmack« finden Sie im Kapitel 5, Abschnitt »Mein System«, Seite 127–135. Hier wird Geschmack lediglich gebraucht, um die retronasalen Gerüche, die man im Mund wahrnimmt, zu bezeichnen.

Sie sollten jenen ähnlich sein, die man in der Nase festgestellt hat, vielleicht mit ein paar Abweichungen, die darauf zurückzuführen sind, dass der Wein am Gaumen aufgewärmt wurde. Betrachten wir ihre Eigenschaften und ihre Konzentration.

Die Eigenschaften der Geschmacksnoten, die man im Mund feststellt, sind ähnlich oder bestätigen die Gerüche, die man in der Nase registriert hat (s. Abschnitt »Nase«, Seite 68–72). Dadurch, dass der Wein am Gaumen erwärmt wird, kommen neue Gerüche zum Vorschein, in der Regel weniger kräftige, sodass der Degustator etwa sagen könnte: »Bestätigt die Nase, exotische Früchte und Anisnoten.«

Geschmack, in aufsteigender Konzentration: schwach, mäßig, gaumenfüllend, vollgepackt.

Balance

Ein Wein kann den Eindruck von Harmonie vermitteln, weil alle seine Elemente zueinander passen und im Gleichgewicht sind, oder er kann im Gegenteil unharmonisch wirken (s. Kapitel 4, Abschnitt »Gleichgewicht«, Seite 94–95).

Der Wein kann vollkommen ausgeglichen sein, ausgeglichen, aber von markanter Säure respektive dominierenden Tanninen geprägt sein oder wegen eines hohen Alkoholgehalts bzw. niedriger Säure unausgeglichen sein.

Länge

Die Länge ist wichtig für die Beurteilung der Gesamtqualität des Weins (s. die Definition in Kapitel 4, Seite 95). Einige Degustatoren definieren die Qualität der Länge, indem sie sie exakt messen. Sie zählen die so genannten »Caudalies« (eine Caudalie entspricht einer Sekunde Nachgeschmack, nachdem der Wein ausgespuckt oder geschluckt worden ist) und nennen diesen Wert PAI, nach dem französischen Ausdruck »Persistance Aromatique Intense«, deutsch etwa »Intensives aromatisches Stehvermögen«. Ich halte diese Methode für äußerst unzuverlässig, weil so viele Faktoren den Nachgeschmack beeinflussen: die Weinmenge, die man anfangs in den Mund genommen hat, das Atemverhalten während des Verkostens, Verwechslungen zwischen den Grundgeschmacksempfindungen (sauer, bitter, süß, salzig) und retronasalen Gerüchen sowie der Erschöpfungsgrad der Verkostenden. Ich stimme mit Professor Emile Peynaud vollkommen überein, der in seinem Buch *Die Hohe Schule für Weinkenner* über das Zählen der Caudalies sagt, diese Methode habe zwar den Vorteil, dass sie beim Verkosten eine sorgfältige Analyse erfordere, sei aber zu starr und gaukle eine Präzision vor, die es nicht gebe. – Es ist unmöglich, so genau zu sein, und so wichtig die Länge ist, so entscheidend ist ihre Qualität. Ich persönlich ziehe es vor, mich auf die Feststellung zu beschränken, wie der Abgang (das Finale) eines Weins ist: unangenehm, indifferent, hübsch oder schön und lang.

Wir sind zum Schluss gekommen und müssen ein begründetes Urteil abgeben. Wenn wir Art und Stil der Weine kennen, nicht aber die Namen der Erzeuger, und aufgefordert würden, die Qualität der angestellten Weine zu kommentieren, könnten wir folgende Aussagen machen:

Reife des Weins: unreif, etwas unreif, schön reif, sehr reif.

Entwicklungsstadium: verzögert (zurückgeblieben), schöne Entwicklung, fortgeschritten (zu weit für sein Alter).

Potenzial: jetzt trinken, trinken oder noch lagern (drei bis fünf Jahre), lagern (zehn Jahre oder mehr).

Typizität: typisch, mehr oder weniger typisch, untypisch.

Qualität: fehlerhaft, mäßig, durchschnittlich, gut, schön, hervorragend.

Verhältnis Preis/Leistung: schlecht, durchschnittlich, angemessen, ausgezeichnet, fabelhaft.

Passt zu folgenden Gerichten: stark gewürzten, milden, einfachen, raffinierten – Beispiele nennen!

Optimale Trinktemperatur: je nach Wein und Umgebungstemperatur von 8 bis 18 °C.

Wenn wir nichts über die Weine wissen und sie identifizieren müssten, würden wir folgende Kriterien berücksichtigen:

Geschmack und Stil: Weintyp (Charakter), Rebsorte (Geschmack der Traube), Kellertechnik (Geschmack aufgrund der Vinifikation und Reifung), Zusammenspiel der erwähnten Geschmacksnoten (kommen weitere hinzu – *Terroir?*)

Ausbau: reduktiv (ohne Sauerstoffkontakt), oxidativ (mit kontrolliertem Sauerstoffkontakt).

Qualität: fehlerhaft, durchschnittlich, gut, exzellent.

Aussage zu: Rebsorte(n), Land, Region, Jahrgang.

Gesamteindruck

Kapitel 4

Weinqualität

Qualität ist wohl das wichtigste Entscheidungskriterium beim Weinkauf. Natürlich wollen wir alle in jeder Preisklasse und Stilrichtung die beste Qualität für unser Geld. Doch so verständlich dieser Wunsch nach Qualität ist, so schwierig ist es zu definieren, was genau die Qualität eines Weins ausmacht.

Schon der Begriff selbst sorgt für Verwirrung. Er kann als Bezeichnung einer spezifischen Eigenschaft verstanden werden, etwa in der Aussage »Die offenkundigste Qualität dieses Weins ist sein hoher Alkoholgehalt«, oder er kann als Bewertung dienen, zum Beispiel in der Aussage »Dieser Chardonnay hat die beste Qualität, die ich aus dieser Region je verkostet habe.« Selbstverständlich werde ich versuchen, Weinqualität im Sinne der Güte eines Weins zu beschreiben und mich mit absoluter Qualität auseinander setzen. Zunächst will ich mich aber mit einigen Elementen beschäftigen, die, zu Recht oder zu Unrecht, mit der Vorstellung von Qualität verknüpft werden, und untersuchen, ob sie bei der Beurteilung eines Glases Wein eine Rolle spielen.

Persönlicher Geschmack

Manche Weinbücher und -führer erklären, wichtig sei vor allem, dass Sie selbst wissen, was Ihnen schmeckt, und Sie sollten den Ratschlägen anderer

nicht zu viel Beachtung schenken. Natürlich kann niemand Ihnen vorschreiben, was Ihnen schmeckt, und auch ich will es nicht – aber das heißt nicht, dass persönliche Vorlieben etwas mit Qualität zu tun haben. Manche Weintrinker genießen den starken Toast- und Vanillegeschmack, den Wein in neuen Barriques annimmt, aber ein Wein, der von diesem Geschmack dominiert wird, ist nicht von hoher Qualität, obwohl ich zugebe, dass mir solche Weine gelegentlich Spaß machen. Damit man wirklich von Qualität sprechen kann, sollte ein Wein nach viel mehr riechen und schmecken als nur nach neuem Eichenholz. Schließlich ist er aus Trauben gekeltert.

Reputation

Wenn Sie ein paar Kisten Wein kaufen wollen, um sie einzulagern – würden Sie dann eher Weine eines renommierten Erzeugers kaufen oder Weine von einem kaum bekannten Gut? Es scheint vollkommen logisch, sich für den Wein mit dem besten Ansehen zu entscheiden. Im Allgemeinen wird ein guter Ruf über Jahre hinweg aufgebaut und verdankt sich beständiger Qualität der Produktion. Doch der Ruhm der Vergangenheit ist keine Garantie für die Qualiät des aktuellen Weins. Auch Spitzengüter bleiben gelegentlich hinter den Erwartungen zurück. Es ist ein offenes Geheimnis, dass Château Margaux seinem Ruf

nicht immer gerecht wurde, bevor es 1977 von der Familie Mentzelopoulos gekauft wurde! Das ist ein berühmtes Beispiel, ich könnte ohne weiteres andere berühmte Güter nennen, die schwierige Phasen durchlaufen haben. Das Ansehen eines Erzeugers sollte man etwa so einstufen wie die Verfassung eines Rennpferds, wenn man vor dem Rennen eine bestimmte Summe darauf setzt – im Wissen, dass seine Form, so gut sie auch sein mag, noch keine Garantie für sein Abschneiden im nächsten Rennen bietet. Bei der Beurteilung des konkreten Weins im Glas spielt das Ansehen eines Weinguts jedenfalls keine Rolle.

Modeströmungen

Trends sind nicht dasselbe wie Ansehen, aber sie haben ähnliche Auswirkungen. Die Weine einer bestimmten Gegend oder aus einer Traubensorte können plötzlich in Mode geraten, was den Anschein erwecken kann, sie müssten von guter Qualität sein. Die Vorstellung, was populär sei, müsse auch gut sein, ist nicht unlogisch. Warum sollten so viele Leute ein Produkt kaufen, wenn es nicht tatsächlich eine bestimmte Qualität hätte? Wie wir wissen, spielt sich das aber in der Praxis nicht immer so ab, und die Theorie kann, insbesondere im Weinhandel, leicht

widerlegt werden, indem man sich bestimmte berühmte Namen in Erinnerung ruft, die sich eine Zeit lang enormer Popularität erfreuten – eher dank ihres cleveren Marketings als dank echter Qualität.

Und auch wenn ein Trend Weine von guter Qualität erfasst, wird es große Unterschiede geben. So sind beispielsweise chilenische Weine heute ziemlich in Mode, viele verdientermaßen, und dasselbe gilt für Weine aus der Viognier-Traube. Doch nicht jede Flasche chilenischen Weins und nicht jeder Viognier wird von großer Qualität sein. Im Verkostungsraum sollen Trends ebenso wenig eine Rolle spielen wie das Ansehen.

Seltenheit

Seltenheit ist ein weiterer Aspekt, der uns bei der Wahrnehmung der Qualität eines Weins beeinflussen kann. Small is beautiful! Im Weinhandel kursiert die Vorstellung, Weine von kleinen Erzeugern (oft »Boutique-Wineries« genannt) müssten automatisch besser sein als Weine von größeren Betrieben. Die romantische Vorstellung, wer weniger produziere, habe mehr Zeit, sich um die Arbeiten im Weinberg und im Keller zu kümmern, ist ohne weiteres nachvollziehbar, und in vielen Fällen trifft es zu, dass die Besitzer kleiner Weingüter ihren Weinen mehr Aufmerksamkeit widmen. Es gibt jedoch auch viele Beispiele dafür, das kleine Betriebe unterdurchschnittliche Weine erzeugen, weil das technische Know-how oder die notwendigen Anlagen fehlen, und es gibt zahlreiche gut geführte Großbetriebe, die beständig hervorragende Weine produzieren.

Antinori in Italien, Beringer in Kalifornien, Jadot in Burgund und Brown Brothers in Australien mögen als Beispiele für große Erzeuger dienen, die regelmäßig sehr gute Weine hervorbringen.

Der Wein, den Sie vor sich im Glas haben, mag zwar eine Rarität sein, doch das allein macht ihn nicht unbedingt besser.

Preis

Wenn gar keine anderen Informationen vorliegen, gilt häufig allein der Preis als Hinweis auf die Qualität. Was teuer ist, muss gut sein! Eine simple Schlussfolgerung, der wir alle schon erlegen sind, ob bewusst oder unbewusst. Selbst Weinexperten fallen gelegentlich darauf herein. Wenn es um Wein geht, sind sie vielleicht vor dem Trugschluss gefeit, aber außerhalb ihres Fachs können auch sie dieser irrigen Annahme zum Opfer fallen.

Wie so viele Dinge im Leben, müssen Preis und Qualität zu einander in Beziehung stehen. Bis zu einem bestimmten Punkt bekommt man, wofür man bezahlt. Dank des Fortschritts in der Kellertechnik und der verbesserten Traubenqualität auch in sehr warmen Klimazonen ist es heute möglich, große Mengen anständiger Weine zu einem vernünftigen Preis zu produzieren, aber diese Weine vermögen nur selten wirklich zu begeistern. Kellereien können keine Wunder vollbringen. Um wahrhaft herausragende Weine zu erzeugen, braucht es Trauben von höchster Qualität, die wegen der Zeit und der Pflege, die man ihnen im Weinberg angedeihen lassen muss, höhere Kosten verursachen als Trauben, die eher im großindustriellen Maßstab wachsen und betreut werden. Die Kellerausrüstung muss zwar nicht unbedingt das Neuste vom Neuen sein, doch das verwendete Material muss von guter Qualität sein, so zum Beispiel Barriques aus neuem Eichenholz. Zudem sind sich gute Kellermeister ihres Marktwerts durchaus bewusst und verlangen hohe Löhne. All diese Faktoren spielen logischerweise eine mehr oder weniger große Rolle beim Zustandekommen des Flaschenpreises.

Während Reputation des Erzeugers, Modeströmungen und Seltenheit bei der Beurteilung der Weinqualität nicht relevant sind, kommen sie bei der Preisgestaltung ins Spiel und können den wahren Wert eines Weins verfälschen. Ein Blick in die Preislisten berühmter Weinhandlungen genügt, um festzustellen, was die Faktoren Ansehen, Trend und Seltenheit für ein Weingut bewirken können. Die Aussichten für ein Weingut, das diesbezüglich nichts vorzuweisen hat, überhaupt auf einer Liste zu erscheinen, sind gering.

Das beste Beispiel sind die so genannten »Garagisten« (die so kleine Mengen erzeugen, dass sie ihren Wein in einer Garage machen könnten). Die Weine dieser Güter verkaufen sich zu einem wesentlich höheren Preis, als es ihrem Wert entspricht, hauptsächlich weil sie so selten und sehr in Mode sind. So gern ich viele dieser Weine mit Genuss trinken würde – zu behaupten, dass ihr Preis ihrer Qualität entspreche, ist ganz etwas anderes. In den obersten Rängen steigt der Preis oft rascher als die Qualität.

Beachten Sie den Preis nicht, wenn Sie ein Glas Wein beurteilen – er ist kein verlässliches Kriterium für Qualität.

Gegenwert fürs Geld

Stellen Sie sich vor, Sie und ich würden zwei Weine verkosten, und wir fänden den einen etwas besser und gäben ihm 16, dem anderen 15,5 von 20 Punkten. Wenn sich dann herausstellte, dass der zweite nur halb so viel kostet wie der erste, würde er dadurch ein besserer Wein als der erste? Natürlich nicht, wenn wir von absoluter Qualität sprechen!

Ich weiß, dass manche Verkoster die Schlussbewertung eines Weins ändern, wenn sie seinen Preis erfahren. Auch wenn dies einer löblichen Gesinnung entspringen mag, ist es in meinen Augen völlig falsch. Das Preis-Leistungs-Verhältnis spielt bei der Beurteilung der absoluten Qualität keine Rolle.

Der Wein, den Sie verkosten, mag ein echtes Schnäppchen sein, doch das macht ihn nicht besser.

Typizität

Wenn wir etwas kaufen, erwarten wir, dass es unseren Erwartungen enstpricht. Wenn ich im Laden ein Pfund Käse verlange und zu Hause feststelle, dass man mir ein Pfund Butter gegeben hat, ärgere ich mich zwar, aber es bedeutet nicht, dass die Butter von schlechterer Qualität ist. Die Butter kann sogar sehr gut sein und der Käse hätte zweitklassig sein können – aber sie entspricht nicht dem, was ich eigentlich haben wollte.

Bei regionalen Verkostungen kommt es vor, dass Weinen die lokale Ursprungsbezeichnung nicht zuerkannt wird, weil sie für die Region nicht typisch sind. Das kann am Weinstil liegen oder an der Rebsorte, wie im Fall von Eloi Dürrbach von Domaine de Trévallon, der ungeachtet der Qualität seiner Weine aus der Appellation Les Baux de Provence ausgeschlossen wurde.

Obwohl ich Typizität nicht für ein Zeichen von Qualität halte, würde ich mich sehr wundern, wenn ich bei einer Verkostung junger Chablis-Weine auf einen mit kräftiger Nase von exotischen Früchten anstelle der üblichen mineralisch-floralen Apfel-

Marzipan-Noten stieße. Gerade weil ich die verschiedenen Weinstile kenne, wäre es für mich schwierig, mich nicht in der einen oder anderen Weise unbewusst beeinflussen zu lassen.

Dennoch bleibt wahr, dass ein Wein nicht besser ist, weil er dem erwarteten Stil entspricht. Er ist bloß typenkonform.

Absenz von Fehlern

Die Absenz von Fehlern ist wohl eine Vorbedingung für jeden Wein, damit man überhaupt von Qualität sprechen kann. Doch dass er keine Fehler aufweist, garantiert noch nicht zwingend Qualität. Denken Sie nur an die wunderbar glänzenden Tomaten, alle ungefähr von derselben Größe – und meistens schmecken sie nach nichts.

Leider ist bei der Weinerzeugung ein ähnliches Konzept nicht unüblich. Manche Kellermeister tun alles, um die Bildung des an sich harmlosen Weinsteins (Tartrat) zu verhindern – weil es Kunden gibt, die dessen Kristalle für Glasscherben halten. Diese Behandlung mag für das optische Erscheinungsbild des Weins gut sein, doch sie beeinträchtigt seinen Geschmack.

Tatsächlich liegt manchen Kellermeistern mehr daran, Weine ohne Fehler zu machen als wirklich aufregende Weine. Fairerweise muss man allerdings sagen, dass sie oft keine gar andere Wahl haben, wenn sie mit der Produktion von Massenweinen beauftragt sind, weil sichtbare Mängel dazu führen würden, dass ein Wein vom Markt genommen würde, ganz egal, wie gut seine Gesamtqualität sonst wäre. Wenn Sie beim Verkosten eines Weins keine Fehler entdeckt haben, bedeutet dies einfach, dass er trinkbar ist, und sagt ansonsten noch gar nichts über dessen Qualität aus.

Kein Aspekt, den wir bisher untersucht haben, ist für Sie eine große Hilfe, wenn es darum geht, die absolute Qualität eines Weins in Ihrem Glas zu bestimmen. Der Stellenwert des folgenden Kriteriums, des Potenzials, ist viel schwieriger einzuordnen.

Potenzial

Viele Weinliebhaber halten das Potenzial, die Lagerfähigkeit eines Weins, für ein Zeichen großer Qualität. Genauer gesagt geht es um die Fähigkeit, während der Lagerzeit zu reifen und dabei besser zu werden, denn das ist es ja, was Wein von vielen anderen Konsumgütern unterscheidet. Dennoch ist es wichtig, sich vor Augen zu halten, dass nur eine ganz kleine Zahl von Weinen im Alter tatsächlich besser wird. Manche überleben eher schlecht als recht, und die meisten Weine verfallen ziemlich rasch.

Bei der Beurteilung von jungen Weinen, die für ihre Lagerfähigkeit bekannt sind, ist es nur zu verständlich, dass die Degustatoren versuchen, deren Zukunft vorauszusagen. Gewiss ist es ein herrliches Erlebnis, ältere Weine zu trinken, die eine einzigartige, prägnante Nase entwickelt haben und von wunderbarer Textur sind. Es ist in der Tat ein untrügliches Zeichen für Qualität, wenn ein Wein über viele Jahre hinweg immer besser wird.

Sind aber nur jene Weine von höchster Qualität, die lagerfähig sind? Kann die Reintönigkeit des Aromas in Verbindung mit einem frischen, saftigen Gefühl am Gaumen eine komplexe Nase und weiche Textur niemals aufwiegen? Lammeintopf ist ein wunderbares Gericht, man kann es am folgenden Tag aufwärmen und es schmeckt noch besser. Eine gegrillte Scholle dagegen würde scheußlich schmecken, wenn man sie aufwärmt – direkt vom Grill genossen ist sie eine Delikatesse. Ist der Eintopf das bessere Essen, bloß weil er mit der Zeit noch besser wird? Ich hatte das große Glück, alte deutsche Rieslinge zu trinken, für die man sein Leben geben könnte, aber ich habe auch wirklich prächtige junge Elsässer Rieslinge von Winzern wie Marcel Deiss oder Oliver Zind-Humbrecht verkostet.

Große alte Weine sind einzigartig, daran gibt es nichts zu rütteln. Allein die Tatsache, dass sie Seltenheitswert haben, macht sie noch begehrlicher und kostbarer, als sie per se schon sind.

Doch viele Weine machen jung getrunken so viel Spaß, dass es kaum einen Grund gibt, nach ihrem Lagerpotenzial zu fragen. Nehmen wir die meisten Sauvignons Blancs: Sind Cloudy Bay und ein paar andere Sauvignons von Marlborough von weniger hoher Qualität, nur weil sie mit dem Alter nicht besser werden?

Den Spaß einzuschätzen, den ein Wein hier und jetzt macht, und zugleich den Geschmack hochzurechnen, den er in zehn, zwanzig Jahren haben wird, ist keine leichte Aufgabe, und Degustatoren können sich irren. Die meisten roten Spitzen-Bordeaux des Jahrgangs 1975 wurden von mehreren Weinexperten als allerhöchste Qualität eingestuft, vergleichbar selbst mit dem legendären Jahrgang 1961; doch viele dieser Weine lösten ihr Versprechen nicht ein. Und sogar der große Weinkritiker Robert Parker zögerte und war von den roten Bordeaux des Jahrgangs 1990 nicht sonderlich begeistert, als sie zum ersten Mal vorgestellt wurden.

Viele Weine, die mit zunehmendem Alter besser werden, können in einem frühen Stadium unausgeglichen wirken, Weißweine wegen ihrer hohen Säure, Rotweine wegen ihrer festen Tanninstruktur.

Es wäre aber ein verfänglicher Irrtum zu glauben, ein Wein, der sich bereits in seiner Jugend schön präsentiert, könne nicht noch besser werden, bzw. ein scharfer oder harter junger Wein werde sich automatisch in einen exzellenten alten Wein verwandeln. Ein Wein braucht mehr als nur Säure oder Tannine, um zu reifen und besser zu werden.

Etwas einfacher ist es vorauszusagen, dass ein bestimmter Wein sich mit zunehmendem Alter nicht verbessert, aber auch da heißt es vorsichtig sein. Ich erinnere mich an eine Kiste Chassagne-Montrachet 1er Cru Morgeot 1993 Domaine Ramonet, die ich 1995 wegen des hervorragenden Rufs, den dieses Weingut genießt, für meinen Privatkeller kaufte. Als ich Anfang 1996 eine Flasche probierte, kam mir der Wein eher dünn vor und ich begann an seinem Potenzial zu zweifeln. Drei Jahre später öffnete ich eine weitere Flasche – und stellte fest, dass ich einen wirklich spannenden weißen Burgunder trank.

Meiner Meinung nach ist die Beurteilung der augenblicklichen Qualität eines Weins etwas ganz anderes als die Einschätzung seines Potenzials, also die Vorhersage seiner künftigen Qualität, obwohl beide Urteile miteinander zusammenhängen. Die beiden Eindrücke zu einer übergreifenden Aussage zusammenzufassen, ist unbefriedigend. Wozu sollten wir einen Wein tiefer einstufen, der hier und jetzt köstlich schmeckt, bloß weil wir denken, er werde sich nicht halten? Es sei denn, die Degustation konzentriere sich ausdrücklich auf die Frage nach dem Potenzial, der Lagerfähigkeit der verkosteten Weine.

Wenn Sie Fotos anschauen, die Sie selbst gemacht haben, werden Sie ohne Schwierigkeiten jene aussortieren können, die Ihnen nicht gelungen sind: Vielleicht ist der Hintergrund zu dunkel oder zu hell, das Motiv angeschnitten oder nicht ganz scharf. Vielleicht sehen Ihre Freunde auf dem Foto verzerrt aus, ein Körperteil ist viel zu groß, oder sie haben leuchtend rote Augen wie ein Vampir. Bei Fotos, die keine dieser Fehler aufweisen, können Sie nach positiven Elementen zu suchen beginnen: Wo haben Ihre Freunde den besten Gesichtsausdruck, wo kommen sie am besten zur Geltung, welches Foto hat den attraktivsten Hintergrund, welches löst am meisten Gefühle aus? Wenn Sie mehrere Bilder nach diesem Schema betrachten, können Sie mit Sicherheit sagen, welches die Fotos mit der besten Qualität sind.

Bei Wein können Sie genau gleich vorgehen. Nachdem Sie festgestellt haben, dass mit einem Wein nichts verkehrt ist, suchen Sie seine Vorzüge, und damit beginnt Ihre Bestimmung seiner Qualität. (Die Bestimmung der Qualität ist etwas anderes als die Benotung, die in Kapitel 5 behandelt wird.)

Meiner Ansicht nach sind es fünf Faktoren, welche die Qualität bestimmen, nämlich:

– natürliche Erscheinung
– Reintönigkeit oder Komplexität
– Definition
– Balance
– Länge

Um einen Wein richtig einzustufen, brauchen Sie Informationen zu seiner Identität (selbstverständlich ohne den Namen des Erzeugers). Ohne dieses Wissen könnte es beispielsweise sein, dass Sie einem Wein mangelnde Farbintensität vorwerfen, obwohl gerade diese hellere Farbe typisch ist für ihn. Einen Pinot Noir in einer Reihe von Merlots zu beurteilen, wäre nicht sinnnvoll, weil er einfach auffallen müsste – ob zu seinem Vorteil oder zu seinem Nachteil.

Natürliche Erscheinung

Ein Wein sollte eine natürliche Farbe haben und nicht überextrahiert aussehen, wie dies bei Rotweinen wegen spezieller Vinifikationsverfahren gelegentlich vorkommt. Er sollte nicht allzu klar und geschönt aussehen, wie es manchmal bei Weinen der

Was ist Qualität?

Fall ist, die zu scharf filtriert wurden. Er sollte so alt aussehen, wie er wirklich ist. Ein hoher Zusatz von schwefliger Säure kann aber beispielsweise bewirken, dass ein Weißwein sehr lange die Farbe eines jungen Weins beibehält. Manche Weine mit hoher Säure oder kräftigen Tanninen reifen eher langsamer und behalten daher auch ohne große Schwefelgabe länger eine jugendliche Farbe. Ein Wein sollte zwar nicht trüb sein, doch extreme Brillanz ist nicht immer ein Zeichen für Qualität. Schließlich sollte ein Wein die richtige Konsistenz haben, weder so flüssig sein wie Wasser noch so viskos wie Olivenöl. Er sollte gesund und attraktiv aussehen.

Reinheit oder Komplexität

Wein sollte angenehm riechen. Der Geruch sollte entweder ganz reintönig sein oder sich aus vielen Facetten zusammensetzen.

Oft wird es einem Wein als Schwäche angekreidet, wenn er vor allem einen einzigen Hauptgeruch aufweist, und man hält ihn deswegen nicht für groß. Ich bin da anderer Meinung: Ein einzelner dominanter Geruch kann großartig sein, wenn er wirklich reintönig ist. Es ist schwierig zu erklären, aber der Geruch sollte nicht synthetisch oder »gemacht« wirken, nicht überwältigend sein, sondern eher zart, beinahe

fragil, aber doch deutlich feststellbar. Er sollte sein wie ein Konzertstück für Harfe und Orchester, interpretiert von einem Meister dieses Instruments, mit leiser Orchesterbegleitung im Hintergrund. Natürlich kann so ein Duft nur von einer klassischen Rebsorte herrühren, die ganz zart durch Eigenheiten ihres *Terroirs* ergänzt wird. Der Geruch von Eichenholz allein verdient nie die Bezeichnung reintönig.

Komplexität ist das, was die meisten Verkoster in einem großen Wein suchen: ein einzigartiger Charakter, wo nicht ein Ton dominiert, sondern mehrere miteinander im Wechselspiel sind. An einem solchen Wein zu riechen ist ein echtes Privileg und ein unvergessliches Erlebnis. Komplexität dieser Art trifft man nur bei einem Wein, der von Anfang an Charakter mitbringt und lange genug reifen kann, um eine solche Komplexität zu entwickeln. Nur ein paar Rebsorten unter idealen Bedingungen sind dazu überhaupt fähig.

Viele Degustatoren halten die Intensität eines Geruchs für ein Qualitätsmerkmal. Ich widerspreche nicht, doch ich denke, der Ausdruck Intensität kann etwas irreführend sein, weil der Eindruck entstehen kann, je stärker der Geruch sei, desto besser der Wein, und das ist nicht der Fall. Ein Wein muss eine ausgeprägte Nase haben, aber manche sind kräftig, andere viel schwächer, das hängt vom Typ und vom Stil des Weins ab: Der Geruch muss dem Stil entsprechen. Große Champagner oder ältere Spitzen-Spätburgunder müssen nicht kräftig riechen; oft verführen sie gerade durch ihre Feinheit.

Definition

Weine von hoher Qualität sind denkwürdig, ja unvergesslich, man kann von ihnen als Persönlichkeiten sprechen. Sie sind mehr als bloß ein Getränk oder eine Flüssigkeit, sie erzeugen ein wunderbares Gefühl im Mund. Man kann über sie sprechen, weil man sie sich beinahe wie Lebewesen vorstellen kann.

Wir sollten aber auf die Alltagsweine, die wir zum Essen oder einfach abends vor dem Bildschirm trinken, nicht herabschauen. Sie erfüllen ihren Zweck, doch die meisten von ihnen darf man mit Fug und Recht vergessen, wenn sie getrunken sind, weil sie alle gleich schmecken: Hier ein Eichenholz-Chardonnay, der hübsch nach Vanille schmeckt, da ein Rotwein, der vage an rote Beeren erinnert. Es wäre schwierig zu behaupten, sie hätten wirklich eine präzise Definition im Sinne von Persönlichkeit. Sie sind eher wie die Folge einer Seifenoper, nett, aber rasch wieder vergessen. Vergleichen Sie sie mit dem letzten Wein, der Sie wirklich beeindruckt hat, auch wenn es vielleicht schon eine Weile her ist. Zweifellos ist er immer noch frisch in Ihrer Erinnerung, mit allen Emotionen und dem Genuss, den Sie empfanden, als Sie ihn tranken. Er war eine Persönlichkeit, kurz – er hatte Definition!

Balance

Bei einem Wein ist die Balance entscheidend. Seine wichtigsten Elemente, Säure, Alkohol, Restzucker (bei Süßwein), Tannine (bei Rotwein), und Geschmackskomponenten sollten miteinander in har-

monischem Zusammenspiel sein. Ein Spitzenrotwein, etwa ein großer Cabernet Sauvignon, wird diese Elemente in der richtigen Balance in sich vereinen, um kräftig und reich, aber nicht hart zu wirken.

Ein Wein kann immer noch ausgewogen sein, wenn eines der Elemente vorherrscht, solange die übrigen vereint genügend Gegengewicht zum Ausgleich geben. Es ist wie bei einer Balkenwaage – entweder sind auf jeder Seite zwei Gewichte, oder drei auf der einen, eines auf der anderen; die Waage ist so lange im Gleichgewicht, wie das Produkt der Gewichte und der Hebelarme stimmt. Klassisches Beispiel sind die großen Süßweine, deren hoher Restzuckergehalt durch die richtige Mixtur von Säure, Alkohol und Aromen ausbalanciert wird, sodass sie nicht klebrig sind. Wenn ein Element also nicht durch die anderen ausgeglichen wird, ist der Wein nicht im Gleichgewicht.

Länge

Als Länge oder Nachgeschmack bezeichnet man die Qualität und Dauer der Empfindungen, die man dann spürt, wenn der Wein gerade geschluckt oder ausge-

spuckt worden ist. Für die überwiegende Mehrzahl von Weinen wird sich der Nachgeschmack nur wenige Sekunden halten. Manchmal folgt nur ein schwacher Eindruck von Säure, Trockenheit oder Bitterkeit, oder im Gegenteil ein starker, uneleganter Nachgeschmack. Bessere Weine haben eher einen subtilen Nachhall, sie hinterlassen einen angenehmen Geschmack, der langsam verklingt. Doch die Länge eines Weins sollte nicht nur an ihrer reinen Dauer gemessen werden, sondern ebenso an ihrer Qualität.

Abgesehen davon ist die Länge ein Aspekt, der auch leicht übersehen und verpasst werden kann. Oft sind Verkoster noch damit beschäftigt, einen Wein zu analysieren, wie er am Gaumen war, und wenn sie dann an den Nachgeschmack denken, ist es zu schon spät – er ist weg. Wenn sie den Wein nicht ein zweites Mal verkosten, können sie den Nachgeschmack nicht mehr beurteilen, was sehr beschämend ist, weil er eine wichtige Qualitätskomponente darstellt.

Finesse ist ein weiteres, im Zusammenhang mit Weinqualität oft erwähntes Attribut, aber für mich setzt sich Finesse eher aus großer Nase, Balance und Länge zusammen und ist kein unabhängiger Aspekt.

Alle genannten fünf Kriterien sind wichtig, und damit man bei einem Wein von echter Qualität sprechen kann, muss er mehr als nur eines davon erfüllen. So würde selbst ein gut balancierter Wein den Qualitätstest nicht bestehen, wenn er nur ungenügende Länge aufzuweisen hätte.

Master of Wine Jane Hunt hat eine einfache Eselsbrücke für die Qualitätsfaktoren, die sie für die wichtigsten hält: BLIK ist ihre Formel – Abkürzung für Balance, Länge, Intensität, Komplexität.

Wenn Sie eine Flasche Wein kaufen, erwarten Sie, dass der Wein keine Fehler aufweist – aber leider ist das nicht immer der Fall. Während der Vinifikation kann Wein den Geschmack der Behälter annehmen; unerwünschte Hefen oder Bakterien können ihn kontaminieren; zu viel oder zu wenig Sauerstoffkontakt kann ihn verderben; Zusätze, die ihn schützen sollten, können ihn ruinieren; Probleme kann es auch beim Abfüllen geben (Kontamination durch Baktereien oder Hefen) und der Verschluss der Flasche, der den Inhalt ja schützen sollte, kann ihn ungenießbar machen.

Wir reden hier nicht von trinkbaren Zechweinen minderer Qualität, sondern von Weinen mit einem eindeutigen Fehler. Die wichtigsten Fehler sind:
– Korkschmecker
– flüchtige Säure
– Oxidation
– Schwefelwasserstoff-Böckser
– Schwefeldioxid
– weitere

Korkschmecker

Dieser Albtraum jedes Sommeliers ist bei weitem der häufigste aller Weinfehler. Die Zahl der Flaschen, die durch einen fehlerhaften Korken runiert werden,

kann erstaunlich hoch sein: Je nach Informationsquelle beläuft sie sich auf ein bis acht Prozent aller Flaschen, die mehr oder weniger stark davon betroffen sind. Hauptverantwortlich für den charakteristischen Geruch eines Korkschmeckers ist die chemische Verbindung TCA (2,4,6, Trichloranisol). Man vermutet, dass sie aus der Reaktion der Phenole in der Borke der Korkeiche mit dem Chlor ensteht, das man zur Desinfektion der Korkrinden einsetzt (so entsteht Trichlorophenol) und dann in einem weiteren Schritt durch Schimmelpilze produziert wird, die sich auf feuchtem Kork bei der Lagerung oder während des Transports bilden. Aber auch verwandte chemische Verbindungen, die in schimmligen Weinbehältern enstehen, können ähnliche Gerüche hervorbringen. Schimmelnde Dachbalken einer Kellerei oder andere Holzgegenstände, die mit Chlor behandelt wurden, können verwandte Verbindungen erzeugen, die in den Wein gelangen können, weil sie äußerst leichtflüchtig sind. Was auch immer die Ursache ist – der Wein, der von ihnen befallen ist, hat einen Geruch, der von Korkrinde oder Pappe bis zu feuchtem, abgestandenem, schimmligem Keller reicht. Der natürliche Eigengeruch des Weins wird von ihm vollständig überdeckt und der Wein riecht und schmeckt äußerst unangenehm.

Leider kann dieses Problem jeden Erzeuger treffen, der Naturkorken verwendet. Deshalb schützt der

Weinfehler

Kauf einer teuren Flasche nicht vor einem Kork-schmecker. Und entgegen einer weit verbreiteten Meinung sind auch Schaumweine nicht immun ge-gen Korkschmecker. Sie sind in Sekt und Champa-gner nicht so offensichtlich, einfach weil die meisten Leute Schaumweine trinken, ohne groß daran zu riechen, und der Wein so kalt ausgeschenkt wird, dass der Korkschmecker nicht so deutlich zutage tritt.

Es sieht so aus, als ob Korkschmecker seit Ende der Achtzigerjahre vermehrt aufträten. Einige Wein-experten werfen der Korkindustrie vor, kein genü-gend effizientes Qualitätssicherungssystem eingeführt zu haben. Meiner Ansicht nach haben aber zwei Gründe dazu geführt, dass Korkschmecker zu einem Problem geworden sind: Zum einen wissen die Kon-sumentinnen und Konsumenten heute viel mehr über Wein als früher und können daher einen fehler-haften Wein besser identifizieren. Zum anderen ist die Durchschnittsqualität der Weine in den letzten zwanzig Jahren so stark verbessert worden, dass ein fehlerhafter Wein viel mehr auffällt als früher.

Um Korkschmecker zu vermeiden, gehen einige Weinfirmen dazu über, Verschlussalternativen wie Schraubverschlüsse oder Plastikkorken zu verwenden. Das ist natürlich sehr wirksam, auch wenn wir ge-sehen haben, dass Wein nicht ausschließlich durch fehlerhafte Korken kontaminiert werden kann. Die Korkindustrie bemüht sich ihrerseits ernsthaft, das Problem in den Griff zu bekommen. Das Quercus-Projekt, ein wichtiges, teilweise von der EU unter-stütztes Forschungsprogramm der Neunzigerjahre, war ein Schritt in diese Richtung. Versuche bei der Korkproduktion, etwa der Einsatz von Wasserstoff-superoxid anstelle von Chlor zur Desinfektion sowie eine bessere Qualitätskontrolle bei allen Produktions-schritten, sollten echte Forschritte bringen.

Flüchtige Säure

Der Geruch von flüchtiger oder volatiler Säure ent-steht durch zu viel Essigsäure im Wein. Jeder Wein enthält etwas Essigsäure, sie ist ein natürliches Ne-benprodukt der Gärung, doch der Gehalt ist im Nor-malfall so gering, dass sie allein in der Nase nicht erkennbar ist. Manche Süßweine aus edelfaulen Beeren oder Weine, die lange Zeit in Holzgefäßen gereift sind, neigen zu höheren Essigsäurewerten, aber das gehört zu ihrem Stil. In der Europäischen Union ist die zulässige Höchstgrenze von flüchtiger Säure nach Weintypen geregelt.

Bei Nachlässigkeit in der Hygiene oder hohen Temperaturen können sich im Wein gewisse Bakte-rien- oder Hefestämme entwickeln und vermehrte Essigsäureproduktion verursachen. Ein Wein mit viel Essigsäure und ihrem flüchtigen Ester Äthylazetat riecht nach Nagellack, Leim oder Essig und schmeckt am Gaumen sauer, ja brennend.

Einige billige Roweine riechen deutlich nach Na-gellack, aber wer Weine von namhaften Erzeugern kauft, wird dieses Problem vermeiden können.

Oxidation

Einige Inhaltsstoffe von Wein können mit Sauerstoff reagieren und den Zustand des Weins verschlechtern.

Die meisten Weine profitieren von einem gewissen Maß an Sauerstoffkontakt im Laufe der Vinifikation, aber das Ausmaß und die Temperatur, bei welcher dieser Sauerstoffkontakt stattfindet, müssen genau gesteuert werden. Viele alkoholverstärkte Weine wie Tawny Port, Madeira oder französische Vins doux naturels reifen unter ständigem Sauerstoffkontakt, um ihren spezifischen Geschmack zu erhalten.

Rot- und Weißwein, der unter Oxidation gelitten hat, nimmt eine braune Farbe an, verliert seine fruchtigen Aromen und schmeckt am Gaumen flach. Auch hier sorgen Aufmerksamkeit und Sorgfalt bei der Vinifikation dafür, dass dieses Problem bei Weinen angesehener Produzenten relativ selten auftritt.

Schwefelwasserstoff

Ein paar Hefestämme können während der Gärung elementaren Schwefel (der von Schwefelbehandlungen der Trauben im Weinberg oder von den Schwefelstreifen, mit denen die Fässer ausgeräuchert werden, stammen kann) in Schwefelwasserstoff verwandeln und so unerwünschte reduktive Gerüche erzeugen, die unter bestimmten Bedingungen, etwa bei Fehlen von Stickstoff und Sauerstoff, noch schlimmer werden. H_2S und Merkaptane sind die beiden hauptsächlichen unerwünschten reduktiven Gerüche in Wein. Weine mit Schwefelwasserstoff-Böckser riechen nach faulen Eiern und können Merkaptangerüche entwickeln, die sie nach Knoblauch oder Abwasser riechen lassen. Es kommt aber auch relativ selten vor, dass Weine in diesem Ausmaß von einem Schwefelwasserstoff-Böckser betroffen sind.

Schwefeldioxid

Schwefeldioxid ist ein Konservierungsmittel, das dem Wein beigefügt wird, um ihn gegen Oxidation zu stabilisieren. Wenn es zu großzügig eingesetzt wird (für jeden Weintyp gibt es gesetzlich vorgeschriebene Höchstmengen), kann es das Aroma des Weins beeinträchtigen. Weine mit einem hohen SO_2-Wert haben einen so genannten Schwefelböckser; sie stechen in der Nase, riechen wie ein frisch entzündetes Streichholz und können am Gaumen prickeln und beißen. Asthmatiker können stark auf Schwefelböckser reagieren.

Es ist recht häufig, dass man auf Weine stößt, die stark nach Schwefeldioxid riechen, insbesondere bei jungen Weißweinen und Süßweinen.

Weitere Fehler

Wein kann eine Reihe weiterer Fehler aufweisen. Ein Wein kann beispielsweise nach Geranien riechen, weil er auf den Zusatz von Sorbinsäure ($C_6H_8O_2$, zum Schutz gegen Hefestämme) reagiert hat. Oder er kann einen Metall- oder Proteinschleier haben. Dank der Fortschritte in der Kellertechnik und besseren Qualitätskontrollsystemen kommen solche Weine aber, im Unterschied zu den oben beschriebenen, nur ganz selten auf den Markt und damit auch praktisch nie in die Gläser der Endverbraucher.

Vermeintliche Weinfehler

Weinstein

In einer Flasche Weißwein sehen Weinsteinkristalle *(Tartrat)* wie kleine Glasscherben aus, die sich an der Unterseite des Korkens oder am Flaschenboden festgesetzt haben, in Rotwein sehen sie eher aus wie kleine rote Edelsteine. Sie bilden sich, wenn ein Wein bei kühler Temperatur gelagert wird, und sind das Resultat einer Reaktion von Kalium- oder Kalziumverbindungen im Wein mit Weinsäure. Sie können ein Hinweis (aber kein Beweis) dafür sein, dass der betreffende Wein keiner Kältestabilisierung unterzogen worden ist. Wenn sie zufällig ins Glas mit eingeschenkt worden sind, sinken sie auf den Grund. Sie sind vollkommen harmlos und beeinflussen den Geschmack eines Weins überhaupt nicht.

Depot

Die Ablagerungen, die man Depot nennt, sehen aus wie ein bisschen schwarzer Staub mit ein paar größeren Stückchen. Man trifft sie meistens in Rotweinen, die unfiltriert auf Flaschen gezogen wurden, oder in guten Rotweinen, die ein paar Jahre Flaschenreife hinter sich haben. Depot entsteht durch das allmähliche Ausfallen von Tanninen und Farbstoffen; das ist auch der Grund, warum Rotweine mit zunehmendem Alter Farbe verlieren und weichere Töne annehmen. Alte Rotweine sollten vor dem Servieren dekantiert werden, sonst muss man beim Eingießen sehr vorsichtig sein, damit kein Depot ins Glas gelangt. Ein wenig Depot im Glas macht nichts, viel trübt ihn und lässt ihn unangenehm schmecken.

Kapitel 5

Wein beurteilen

Im Wesentlichen besteht eine Weinprämierung darin, eine Bewertung per Gütesiegel festzuhalten, mit anderen Worten, den Wein mehr oder weniger offiziell auszuzeichnen. Diese Auszeichnung dient dann auch als Anhaltspunkt für unsere eigene Bewertung oder für das Urteil anderer.

Neu ist das ganz und gar nicht. Wie Sie in einem meiner Lieblingsbücher, *Hugh Johnsons Weingeschichte,* nachlesen können, wurden schon zur Zeit des ägyptischen Pharaos Tutenchamun (der 1352 v. Chr. starb) Weine mit der Aufschrift »sehr gute Qualität« gekennzeichnet. Noch besser dokumentiert ist die Tatsache, dass im Römischen Reich die Weine von Falerno in Kampanien zu den allerbesten gezählt

wurden. In jüngerer Zeit, nämlich 1855, stellten Weinhändler in Bordeaux im Hinblick auf die Pariser Weltausstellung, die im selben Jahr stattfand, eine Liste der besten Weine der Regionen Médoc und Graves zusammen. Diese Klassifikation von 1855 erhielt große Bedeutung und wird bis heute im Weinhandel beachtet und konsultiert.

Nur wenige Weine entkommen heutzutage einer Beurteilung. Die berühmtesten Spitzengewächse müssen den Gaumen von Weinkritikern wie Robert Parker Rede und Antwort stehen, bescheidenere Tropfen unterstehen dem Verdikt von Journalisten wie Malcolm Gluck.

Die meisten Weinmagazine veranstalten regelmäßig Vergleichsproben und veröffentlichen deren Resultate mit einem Kommentar zu den Weinen. Darüber hinaus veranstaltet beinahe jedes Wein erzeugende Land eine oder mehrere Weinprämierungen, wo jene Weine ausgezeichnet werden, die als die besten angesehen werden. Selbst Länder, die nur eine kleine oder gar keine Weinproduktion vorzuweisen haben wie etwa Belgien, England oder Skandinavien, machen bei dem Spiel, Weine aus aller Welt zu bewerten, mit.

Eine absolute Definition, was als Weinprämierung oder Concours gilt, gibt es nicht. Wenn in der EU gewisse, aber nicht vollständig umfassende Vorschriften eingehalten werden, wird die Veranstaltung offiziell anerkannt. Die Regeln betreffen hauptsächlich die Zusammenstellung der Sets, die zu beurteilenden Weine selbst (es müssen genügend Weine einer Region verkostet werden, damit das Resultat repräsentativ ist), die Jury (sie muss genügend Mitglieder haben, um objektiv urteilen zu können) und den Anteil der Auszeichnungen (ich glaube, es dürfen nicht mehr als 40 Prozent der Weine prämiert werden). Offizielle Anerkennung durch die EU ist wichtig, denn sie berechtigt die Gewinner dazu, die Auszeichnung, die ihr Wein erhalten hat, auf der Flasche zu erwähnen bzw. abzubilden. Eine weitere, aber keineswegs obligatorische Anerkennung kann durch das OIV (Office International de la Vigne et du Vin) in Paris erfolgen, vorausgesetzt, dass die Prämierung international ist und die Veranstalter die Vorschriften des OIV einhalten.

Vergleichsproben, wie sie von Weinmagazinen und Zeitungen veranstaltet werden, sind einfach kleinere Ausgaben von offiziellen Prämierungen, und deshalb gelten die meisten meiner Anmerkungen auch für sie.

Von Prämierung zu Prämierung kann es substanzielle Unterschiede geben. Die Zahl der eingereichten (»angestellten«) Weine, die Art und Weise, wie sie eingereicht wurden, die Umstände bei der Bewertung, die Erfahrung der einzelnen Jurymitglieder und die Erwartungen, die an sie gestellt werden, das Punktesystem, das verwendet wird, und die Art und Anzahl der Auszeichnungen, die verliehen werden, all diese Faktoren können bewirken, dass zwei Prämierungen wenig gemeinsam haben. Es lohnt sich, die Bedeutung einzelner Aspekte einer Weinprämierung genauer zu untersuchen.

Anzahl der Weine

Die Weine müssen repräsentativ sein für den Stil bzw. die Region, die zur Debatte steht. Und damit man von einem Wein sagen kann, er sei ein würdiger Vertreter einer bestimmten Region, muss er mit einer genügend großen Anzahl anderer Weine desselben Anbaugebiets verglichen worden sein. Eine Goldmedaille für einen kalifornischen Chardonnay als besten Vertreter dieses Stils innerhalb seiner Region wäre nicht viel wert, wenn außer ihm nur sieben andere Weine angestellt worden wären. Natürlich gibt es auch Fälle, wo eine Auszeichnung auch bei wenig Mitkonkurrenten eine Bedeutung hat – wenn die Degustation sich zum Beispiel auf die allerbesten Vertreter eines bestimmten Stils oder einer Region im Sinne eines großen Finals oder einer Auslese der Crème de la Crème konzentriert, doch dann stellt sich die Frage, wie man bei der Vorselektion vor-

Weinprämierungen

gehen soll: Berücksichtigt man das Ansehen des Erzeugers oder frühere Auszeichnungen? Im Allgemeinen wird bei seriösen Weinprämierungen eine beträchtliche Zahl von Weinen eines bestimmten Stils und/oder einer bestimmten Region verkostet und beurteilt. Oft hört man den Vorwurf, es würden eher zu viele Weine auf einmal zur Degustation angestellt und zugelassen, und die Verkosterinnen und Verkoster beklagen sich, sie verlören zu viel Zeit bei der Bewertung durchschnittlicher Weine. Dies ist etwas unfair, weil es nicht den Veranstaltern angelastet werden kann, wenn in einigen Kategorien ein Andrang von Weinen herrscht.

Außer der Anzahl Weine beeinflussen weitere wichtige Faktoren die Prämierung, so das Entwicklungsstadium der Weine, die Art und Reihenfolge, in der sie präsentiert werden, ihre Temperatur, ihre Klasse und die Authentizität der zur Verkostung angestellten Flaschen.

Entwicklungsstadium

Bei manchen Prämierungen werden Weine verkostet, die bereits auf Flaschen gezogen sind und bald in den Verkauf kommen oder bereits auf dem Markt sind, sodass die Jury Weine degustiert, die das Publikum schon kaufen kann. Das ist manchmal ein Nachteil. Bei einer groß angelegten Prämierung kann es drei bis sechs Monate dauern, bis die Resultate veröffentlicht werden. Zu diesem Zeitpunkt können manche Weine bereits ausverkauft sein oder sogar getrunken, wodurch die Resultate der Prämierung kommerziell bedeutungslos werden und bloß noch symbolischen

Wert haben. Peinlicher ist es für die Organisatoren einer Prämierung, wenn Weine in der Zwischenzeit verdorben sind und zum Zeitpunkt der Veröffentlichung der Resultate ihren Höhepunkt längst hinter sich haben. Das ist glücklicherweise selten, kann aber vor allem bei frischen, fruchtigen trockenen Weißweinen mit kurzer Lebenserwartung vorkommen.

Bei anderen Prämierungen werden Fassproben angestellt, das heißt, der Wein befindet sich noch in Tanks oder Fässern, und für die Prämierung sind nur ein paar Flaschen als Muster abgezapft worden. Sie sind vielleicht nicht filtriert worden und es kann sein, dass sie ihren Ausbau noch nicht abgeschlossen haben. Das Problem bei dieser Art von Verkostung ist, dass die Degustatoren Weine beurteilen, die vielleicht nicht genau jenen entsprechen, die das Publikum trinken wird, wenn der Wein auf Flaschen gezogen worden ist. Möglicherweise erschien ein Wein bei der Bewertung wunderbar, büßte aber später wegen unsachgemäßer Behandlung in der letzten Phase des Ausbaus viel von seiner Qualität ein. Insbesondere bei Rotwein wird scharfe Filtration beschuldigt, Weine, die das Zeug zu großen Gewächsen hätten, in ihrer Entwicklung zu beschneiden. Aber man darf nicht verallgemeinern: Ich habe Weine verkostet, die als Fassmuster mit Medaillen ausgezeichnet wurden, und konnte mich, lange nachdem sie auf Flaschen gezogen worden waren, davon überzeugen, dass sie ihre Auszeichnung vollkommen zu Recht erhalten hatten. Eine der angesehensten Weinauszeichnungen, die Jimmy Watson Trophy, die alljährlich in Melbourne stattfindet, wird dem besten einjährigen australischen Rotwein zuerkannt. Die meisten der ange-

stellten Weine sind zum Zeitpunkt der Beurteilung noch nicht fertig; aber nachdem ich ein paar der Sieger probiert hatte, wünschte ich, ich hätte einige Kisten davon in meinem Keller.

Präsentation

Auch die Präsentation ist von Prämierung zu Prämierung verschieden: Bei einigen werden die Weine im Glas präsentiert, bei anderen bleiben sie in der Flasche, die eingewickelt ist, damit man sie nicht identifizieren kann. Es gibt Stimmen, die behaupten, dass der Umriss der Flasche oder die Farbe des Flaschenhalses die Beurteilung durch die Verkostenden beeinflussen könne, weil sie versuchten, die Identität des Weins zu erraten. Ich teile diese Ansicht nicht. Natürlich hat der Versuch, einem bestimmten Wein zum Sieg zu verhelfen, mehr Aussicht auf Erfolg, wenn die Flaschen auf dem Tisch sind, aber solange sie nicht ungenügend eingehüllt sind oder die Degustatoren sie eigenhändig auswickeln, wird es nur wenig Anhaltspunkte geben, weil Weine eines ähnlichen Stils normalerweise auch auf ähnliche Flaschen gezogen werden.

Reihenfolge

Die Reihenfolge, in welcher die Weine präsentiert werden, kann die Resultate der Verkostung ebenfalls beeinflussen. Auch für erfahrene Verkoster ist es sehr schwierig, sich bei der Bewertung eines bestimmten Weins nicht vom Geschmack des vorhergehenden

Weins beeinflussen zu lassen. Ein etwas leichterer Wein wird beispielsweise noch leichter erscheinen, wenn er unmittelbar auf einen volleren folgt, und umgekehrt. Wie die *Revue du Vin de France* im Oktober 1999 berichtete, veranlasste dies einige Verkoster zu der Bemerkung, einem unehrlichen Veranstalter sei es durchaus möglich, des Resultat einer Degustation zu beeinflussen – indem er seinen Liebling unmittelbar nach einem mittelmäßigen Wein platziert, um ihn noch besser erscheinen zu lassen. Dem ist entgegenzuhalten, dass es den Verkostern bei Weinprämierungen freigestellt ist, mit welchem Wein sie innerhalb eines Sets beginnen wollen; aber es trifft zu, dass üblicherweise die numerische Reihenfolge eingehalten wird. Natürlich ist es auch möglich, jedem Verkoster die Weine in unterschiedlicher Reihenfolge zu präsentieren. Degustator A kann die Weine in der Reihenfolge 1, 2, 3, 4 verkosten, Degustator B 2, 4, 1, 3; Degustator C 3, 1, 4, 2; doch es ist kompliziert, das zu organisieren, vor allem wenn viele Weine und Verkostende im Spiel sind. Außerdem kann es zu Verwechslungen bei den Notizen führen. Wenn ein Verkoster die Weine in einer anderen Reihenfolge vorgesetzt bekommt und seine Notizen dann auf dem vorgedruckten Degustationsblatt festhält, kann es leicht geschehen, dass er unabsichtlich einfach oben beginnt und das Blatt vollschreibt – dann stehen seine Bemerkungen bei den falschen Weinen. Wenn aber jeder Verkoster ein Degustationsblatt erhält, das die Reihenfolge, in welcher ihm die Weine präsentiert werden, berücksichtigt, müssen jene besonders aufpassen, die die Noten auswerten, damit sie nicht denselben Fehler machen. Bei den meisten Prämierungen werden die

Nummern der Weine innerhalb einer Kategorie ausgelost. Dieses System ist vielleicht nicht perfekt, aber es funktioniert.

Weintemperatur

Wie gesagt, hat die Temperatur einen großen Einfluss darauf, wie wir den Geschmack eines Weins wahrnehmen; deshalb ist es entscheidend, dass alle Weine innerhalb einer Kategorie mit derselben Temperatur präsentiert werden. Doch dies ist selten der Fall, insbesondere bei Weißweinen, die kühl verkostet werden müssen. Der Temperaturunterschied zwischen dem ersten und dem letzten verkosteten Wein rührt entweder von der Raumtemperatur her oder vom Eiswasser, wenn die Flaschen in Eiskübeln aufbewahrt werden. Wenn die Zahl der verkosteten Weine nicht zu groß ist (zehn bis dreißig), wird die Temperaturveränderung allerdings recht gering sein und die Resultate nicht allzu sehr beeinflussen. Um das Problem zu lösen, kann man Rot-, aber auch Weißweine schon ein paar Stunden früher im Degustationsraum bereitstellen, damit sie die Raumtemperatur annehmen. Der Nachteil besteht dann darin, dass diese Räume oft recht warm sind und die Weine zwar mit derselben Temperatur verkostet würden – aber leider der falschen.

Klasse

Dass sie nicht immer die besten Weine mitberücksichtigen, ist ein Vorwurf, den man Weinprämierungen oft macht. Die Kosten einer Prämierung sind ziemlich hoch, sie reichen von den Organisationskosten (Saalmiete, Einrichtung, zwar kein Honorar, aber Reisespesen für die Degustatoren, administrative Kosten etc.) bis zur Veröffentlichung der Resultate (Druckkosten der Diplome, PR, vielleicht ein Galadiner etc.). Das hat zur Folge, dass die angestellten Weine üblicherweise nicht gekauft, sondern von Erzeugern oder Weinhändlern zur Verfügung gestellt werden; nur ausnahmsweise und für ganz spezielle Degustationen werden Weine gekauft. Wer einen Wein zu einer Prämierung anstellt, muss unentgeltlich eine bestimmte Zahl von Flaschen einreichen, zusätzlich muss ein Unkostenbeitrag entrichtet werden. Nicht jeder Erzeuger will diese Kosten auf sich nehmen, und ein Weingut mit hohem Ansehen wird es sich zweimal überlegen, dieses Ansehen bei einer Prämierung aufs Spiel zu setzen – ein gutes Resultat würde seinem Ruf wenig hinzufügen, ein schlechtes Abschneiden wäre verheerend. Die Premiers Crus von Bordeaux sind bei Prämierungen nur sehr selten vertreten. Bei kleinen Gütern wiederum kann es sein, dass sie ihre Weine oft sehr schnell verkaufen; warum sollten sie also Flaschen verschenken und dafür auch noch bezahlen? Und tatsächlich sind Erzeuger, die ihre ganze Produktion verkaufen können, oft auch diejenigen mit hohem Ansehen, sodass sie zwei Gründe haben, einer Weinprämierung fernzubleiben. Es wäre jedoch falsch zu glauben, Weinprämierungen seien das Reservat zweitrangiger Produkte. Bei den wichtigsten Veranstaltungen präsentieren auch große Namen ihre Weine. An der International Wine Challenge in London stellen beispielsweise die großen Champagnerhäuser ihre Spitzencuvées vor.

Authentizität

Ob die als Muster angestellten und verkosteten Flaschen auch wirklich für den Wein repräsentativ sind,
ist eine Frage, die Konsumenten und Concours-Ver-
anstalter gleichermaßen beschäftigt. Die meisten
Musterflaschen stammen direkt vom Erzeuger oder
Händler, und es gibt kein Mittel, skrupellose Wett-
bewerbsteilnehmer daran zu hindern, einen besseren
Wein einzureichen. So kann zum Beispiel der Produzent einer Cuvée, die in mehreren Tanks ausgebaut
wird, im Hinblick auf die Prämierung den besten
Tank auswählen und besonders aufmerksam behandeln, sodass der Wein, den er enthält, weitaus besser
wird. Wenn die Probeflaschen für die ganze Cuvée
nun ausschließlich diesem Tank entnommen werden,
macht sich der Produzent des Betrugs schuldig. Die
Auszeichnung dürfte sich ausschließlich auf den
Wein dieses Tanks beziehen, nicht auf die ganze
Cuvée. Betrügereien kommen vor wie überall im
Leben, doch in den meisten Fällen ist Betrug bei
einer Weinprämierung sehr kurzsichtig. In dem genannten Beispiel würde wahrscheinlich sehr rasch
entdeckt, dass die ganze Cuvée nicht dieselbe Qualität hat wie die Wettkampf-Flaschen. Oft verkosten
die Veranstalter einer Prämierung die Weine ein zweites Mal, wenn sie auf den Markt kommen, und wenn
sie Beschwerdebriefe erhalten oder negative Bewertungen der Siegerweine in der Presse lesen, nehmen
sie das sehr ernst. Um zu vermeiden, dass eine spezielle »Wettkampf-Cuvée« eingereicht wird, wurde
vorgeschlagen, dass die Veranstalter die Weine jener
Erzeuger, die an einer Prämierung teilnehmen möchten, nach dem Zufallsprinzip in Weinhandlungen

kaufen und die Kosten den Erzeugern in Rechnung stellen. So könnte zwar keine Kellerei schummeln, aber nicht jeder Wein wäre unter denselben Bedingungen gelagert worden, was die Aussagekraft einer Prämierung wieder schmälern würde.

Verkostungsbedingungen

Die Umstände, unter denen degustiert wird, können von einer Veranstaltung zur nächsten sehr unterschiedlich sein. Der eine Anlass findet in einem kleinen Raum statt, wo nur wenige Verkosterinnen und Verkoster Platz haben, der andere in einer riesigen Halle, wo mehrere Degustatorenteams gleichzeitig verschiedene Weinsets verkosten. Enge Raumverhältnisse können auf die Verkostenden einschüchternd wirken, aber dafür fällt es nicht schwer, sich zu konzentrieren; in einer großen Halle sind die Degustatoren vielleicht entspannter, aber sie werden leider auch stärker abgelenkt. Vielleicht sind für die Verkoster Tische und Stühle vorgesehen, in seltenen Fällen für jeden sogar ein eigenes Pult, oder man drückt ihnen einfach ein Clipboard in die Hand und lässt sie von Wein zu Wein gehen. Manchmal erhalten sie alle Weine eines Sets auf einmal; wenn jeder Verkoster aber nur ein Glas hat, muss er die Weine hintereinander verkosten, was das Vergleichen erschwert und die Gefahr in sich birgt, dass etwas vom vorhergehenden Wein oder von dessen Geruch im Glas bleibt und die Beurteilung leicht beeinflussen kann. Zwar kann man das Glas zwischen den einzelnen Weinen mit Wasser ausspülen oder mit dem neuen Wein kurz avinieren, um dies auszuschließen, aber

das ist lästig, und man riskiert, einen Wein zu verpassen. Ich kenne einen Ort, wo regelmäßig seriöse Degustationen abgehalten werden; dort wird jeder Wein in *einem* einzigen Glas präsentiert, und vier bis fünf Verkoster müssen sich dieses Glas teilen! Ich müsste lügen, wenn ich behauptete, dass ich ein Fan dieser Methode bin. Von der bedenklichen Hygiene einmal abgesehen, hat dieses Vorgehen ja auch zur Folge, dass keiner der Degustatoren beim Verkosten gleich viel Wein im Glas hat. Beim ersten ist das Glas noch voll, es ist also schwieriger den Wein darin kreisen zu lassen; auch die Farbe wird der Verkoster, der das volle Glas vor sich hat, anders beurteilen als derjenige, der nur noch die letzten Tropfen abbekommt.

Hoch angesehene Verkoster wie Steven Spurrier (im *Decanter,* Oktober 1999) und Clive Coates (im Magazin *Wine,* Januar 2000) bezweifeln den Wert von Blinddegustationen zur Beurteilung von Weinen. Sie begründen ihre Zweifel damit, dass bei Blindverkostungen ein Weinstil bevorzugt wird (vgl. weiter unten) und dass es wichtig sei, etwas über einen Wein zu wissen, um ihn voll und ganz schätzen und verstehen zu können. Darin haben sie Recht – gewisse Weine werden falsch verstanden, wenn man sie blind verkostet. Ein bestimmer Aspekt eines Weins mag seltsam anmuten, doch wenn man weiß, wie der Wein gemacht worden ist (vom Weinberg bis in die Flasche) kann sich zeigen, dass es sich einfach um eine normale und interessante Eigenheit dieses Weins handelt. Wenn man seine Klasse und seinen Preis kennt, kann dies einen davor bewahren, mit einem Weintyp zu harsch umzuspringen, der vielleicht gar nichts anderes sein will als ein Zechwein, und das

Umgekehrte gilt für einen teuren Wein. Leider ist die Natur des Menschen aber so beschaffen, dass meiner Ansicht nach die Verteilung von Medaillen in voller Kenntnis der Identität der Weine allen Arten von Schwindel und Betrug Tür und Tor öffnen würde, zumindest aber stünden die Verkostenden unter einem starken und unvermeidlichen Druck. Natürlich ist die Blinddegustation nicht perfekt, aber sie ist das kleinere Übel. Wohlverstanden, weder Clive Coates noch Steven Spurrier sind dafür, dass man die Weine von vornherein kennt, wenn es um eine Prämierung geht; es geht ihnen darum, die Grenzen der Verkostungspraxis aufzeigen.

Ein weiterer Gesichtspunkt wird von dem französischen Önologen Jacques Puisais in der *Revue du Vin de France,* Oktober 1999, zur Sprache gebracht. Er ist der Meinung, Wein sollte, da er ja oft zu Mahlzeiten getrunken wird, nicht für sich allein beurteilt werden, sondern in Kombination mit Essen. Als Sommelier muss ich selbst dauernd diesbezüglich Empfehlungen abgeben und finde die Idee verlockend, aber in der Praxis so gut wie nicht realisierbar. Einen Wein nach seiner Kombinierbarkeit mit Essen zu beurteilen, hieße, einen weiteren sehr subjektiven Gesichtspunkt einzuführen, und zwar einen, der sich von Mahlzeit zu Mahlzeit sehr stark verändert – je

nachdem, wie sie gekocht worden ist. Essen und Wein ist ein faszinierendes Gebiet, sollte aber für sich betrachtet werden und nicht einfach als ein Mittel, um Weine zu bewerten.

Die Qualität der Verkoster

Von allen strittigen Themen rund um Weinprämierungen ist die Frage nach der Qualität der Degustatoren die wichtigste. Oft heißt es von ihnen, sie seien inkompetent, voreingenommen oder gar unehrlich.

Das sind schwerwiegende Vorwürfe. Normalerweise werden Hintergrund und Erfahrung der Verkoster sorgfältig geprüft, bevor man sie zu einer seriösen Weinprämierung einlädt. Die Arbeit im Weinhandel ist aber noch keine Garantie dafür, dass jemand ein gutes Jurymitglied ist, mag er oder sie für sich allein auch relativ gut degustieren. Im Arbeitsalltag mögen sie täglich mit Erfolg Weine beurteilen, doch da folgen sie ihren eigenen Kriterien. Vielleicht wählen sie Weine, um sie miteinander zu verschneiden, für den Verkauf in Weinhandlungen oder für die Weinkarte eines Restaurants. Häufig ist ihre Vorgehensweise eine Kombination eines einfachen Verkostungssystems mit echtem Gefühl für Weine, aber das ist etwas ganz anderes, als wenn man verpflichtet ist, einem präzisen Verkostungssystem zu folgen und jeden Wein genau zu bewerten.

Anfang der Neunzigerjahre wurde ich von Robert Joseph eingeladen, an der *Wine Challenge* als Degustator teilzunehmen. Es war das erste Mal, dass ich an einer offiziellen Weinprämierung als Verkoster teilnehmen sollte, und ich war einerseits sehr stolz, aber auch besorgt, weil ich nicht wollte, dass meine Bewertungen zu sehr von jenen der übrigen Jurymitglieder abwichen.

Um solchen Bedenken zu begegnen, richten die Veranstalter von Weinprämierungen zunehmend einen »offenen Tag« für ihre Verkoster ein, an dem vor allem Neulinge instruiert werden, wie sie die Weine benoten sollen. Manchmal müssen sie sich dabei auch einem offenen oder verdeckten Test unterziehen, bevor sie als Juroren bestätigt werden. An diesem Tag gibt man den Neulingen Weine zu benoten, von denen einige manipuliert wurden oder zwei Flaschen den identischen Wein enthalten, um zu sehen, ob die Kandidaten einen Wein mit flüchtiger Säure feststellen oder zwei identischen Weinen auch dieselbe Note geben. Solche Übungen sind sehr nützlich, und alle Degustatoren sollten sich ihnen regelmäßig unterziehen, um ihre Sinne zu trainieren und ihre Stärken und Schwächen kennen zu lernen. Man darf aber niemanden allein aufgrund einer einzigen Probe beurteilen – bei uns allen schwankt die Tagesform. Während ich an diesem Buch schreibe, führt Manchester United nach 25 Spielen die Tabelle der Ersten Liga an, aber letzten Sonntag verlor es 3:0 gegen Newcastle; es war erst die dritte Niederlage in diesem Jahr. Sollte nun ein Kritiker nach diesem Match behaupten, Manchester sei eine armselige Mannschaft und ihr Trainer müsse entlassen werden, würde man ihn auslachen. In vergleichbarer Weise sind auch gute Degustatoren mal in guter, mal in weniger guter Form. Subjektive Faktoren (Müdigkeit, Stimmung) und objektive Faktoren (Reihenfolge der Weine, ein neues Punktesystem)

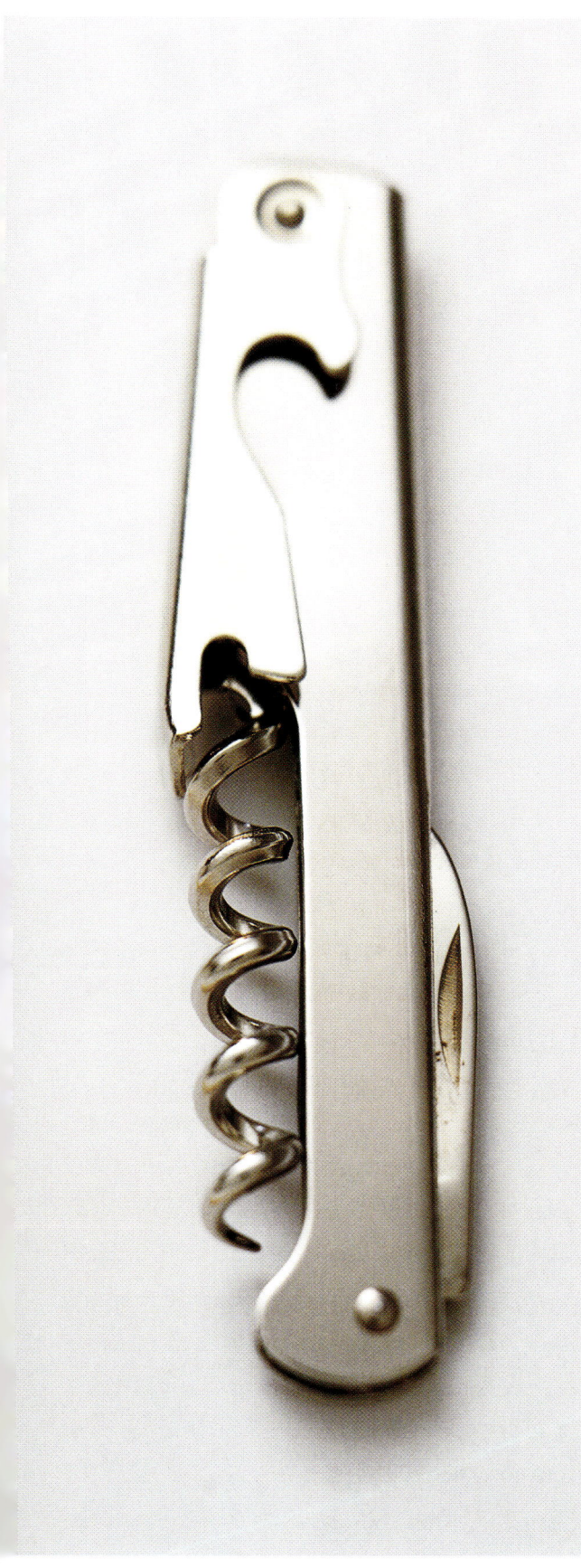

können unsere Wahrnehmung verändern. In Australien muss man, bevor man zum offiziellen Degustator der großen staatlichen Weinprämierungen ernannt wird, eine Zeit als »Lehrling« absolvieren. Die Seriosität und Zuverlässigkeit australischer Weinprämierungen spricht für sich.

Ein weiteres Risiko ist, dass erfahrene Verkoster auf den falschen Weintyp angesetzt werden. Bei großen Prämierungen kann es so unterschiedliche Kategorien wie leichte, trockene Weißweine, dunkle, üppige alkoholverstärkte Süßweine oder rosé Schaumweine geben, und auch zu kleinen lokalen Prämierungen von Weinen ähnlichen Stils werden gelegentlich Verkoster aus anderen Regionen eingeladen. So ist es nicht auszuschließen, dass ein Kellermeister aus der Champagne ein Set von alkoholverstärkten Weinen aus Südfrankreich zu bewerten hat; wenn er nicht ein echter Südwein-Aficionado ist, mag sein Urteil nicht besonders aussagekräftig sein. Normalerweise prüfen die Veranstalter die Spezialgebiete jedes einzelnen Verkosters, aber es kann Missverständnisse geben oder die Veranstalter können falsche Informationen erhalten.

Manchmal freilich sucht man absichtlich Leute mit anderem Hintergrund, um neue Vorstellungen und Ansichten einfließen zu lassen. Warum auch nicht? Wenn Weine aus einem anderen Blickwinkel beurteilt werden, kann das der Veranstaltung eine erfrischende Note geben. Spezielle Weine sollten aber den Experten vorbehalten bleiben. Wer beispielsweise nicht gewohnt ist, Fassmuster zu verkosten, dessen Bewertung wird unzuverlässig ausfallen.

Unter Experten spielt deren Hintergrund bei der Bewertung eine Rolle. Winzer, Önologen, Produzenten, Wein-Einkäufer und Weinhändler, Journalisten und Sommeliers bewerten Weine nicht auf dieselbe Art. Es ist beispielsweise sehr unwahrscheinlich, dass ein Set von Bordeaux-Weinen von einer Jury, die sich aus Önologen zusammensetzt, dieselbe Bewertung erhält wie von einer Jury aus Journalisten oder Sommeliers, selbst wenn sie alle in Bordeaux arbeiten. Das ist nicht überraschend, weil in jeder Berufsgattung unterschiedliche Prioritäten gelten. Von Önologen heißt es, sie achteten vor allem darauf, dass Weine keine Fehler aufweisen, während Journalisten und Sommeliers eher darauf aus seien, ausdrucksstarke Weinpersönlichkeiten zu entdecken. Diese Darstellung ist vielleicht etwas überzeichnet, enthält aber ein Körnchen Wahrheit. Im Zusammmhang damit wurde der Wunsch laut, dass bei der Zusammensetzung von Jurys verschiedene Branchen des Weinhandels vertreten sein sollten.

Bei Experten aus verschiedenen Regionen und Ländern können die Ansichten über ein und denselben Wein stark auseinander gehen – Kultur, Traditionen und Gewohnheiten prägen unseren Geschmack. Für seine Aprilausgabe 1999 arrangierte das britische Weinmagazin *Decanter* die Degustation eines Sets von zehn Chardonnays, hauptsächlich aus Kalifornien, die gleichzeitig in London und in New York stattfand. Interessanterweise wurde der Wein, der in London auf Platz eins kam, in New York nur Neunter, während der Sieger von New York in London bloß Siebenter wurde! Das beweist zwar nichts, zeigt aber, wie groß die Streubreite sein kann.

Oft hört man, die Mehrzahl der Verkoster neige dazu, denselben Weinstil zu favorisieren. Ein Wein sei verlockender, so heißt es, und habe bessere Gewinnchancen, wenn er eine schöne Farbe, eine ausgeprägte, intensive Nase (Eichenholz oder sortentypisch), eine eher hohe Alkoholgradation aufweise und mit Säure oder Tanninen eher zurückhaltend sei. Mit anderen Worten, man beschuldigt die Degustatoren, jene Weine zu prämieren, die auf Französisch »bêtes de concours« (deutsch etwa »Vorzeigeweine«) genannt werden, und die subtileren Gewächse zu ignorieren. Nun lässt es sich nicht vermeiden, dass bei einem Concours manche Weine übersehen werden. Wie Robert Joseph in *Wine & Spirit International,* August 1999, es formuliert: »Schließlich gibt es sehr gute Schauspieler, die nie einen Oscar gewinnen! Jeder, der mit Weinprämierungen zu tun hat und das nicht zugibt, ist unehrlich. Es ist eine Tatsache, dass einige große weiße Burgunder, um nur ein Beispiel zu nennen, bei Prämierungen nie eine Goldmedaille gewinnen werden, weil sie wegen ihres Stils sehr schwierig blind zu verkosten sind.« Unbestreitbar sind Weine mit eigenständigem Charakter im Nachteil, weil sie schwieriger zu verstehen sind. Es mag also zutreffen, dass Ungerechtigkeiten vorkommen, doch gibt es natürlich auch Verlierer, die vorgeben, dass ihnen »die Trauben zu sauer sind«, wenn sie zu hoch hängen. Im Großen und Ganzen kommen Degustatoren aus allen Sparten der Weinindustrie und sorgen dadurch für ein breites Meinungsspektrum. Sie können sich nicht immer irren.

Wo so viele Menschen im Spiel sind und wo Subjektivität eine so große Rolle spielt, wird natürlich immer wieder die Frage nach Betrügereien erörtert. Der Verdacht liegt darin begründet, dass die teilnehmenden Verkosterinnen und Verkoster an den Weinen, die sie degustieren, manchmal persönlich ein handfestes wirtschaftliches Interesse haben. Selbstverständlich laden Veranstalter Leute ein, die mit dem Stil der Weine, die zur Verkostung anstehen, vertraut sind, und gelegentlich kann es vorkommen, dass sie dann einen oder mehrere ihrer eigenen Weine zu degustieren haben. Weil die Weine jedoch praktisch immer blind verkostet werden, ist es ganz und gar nicht sicher, dass sie ihren eigenen Wein unter anderen Gewächsen mit ähnlichem Charakter herausschmecken. Zudem kann es sein, dass sie gar nicht wissen, dass das Set einen ihrer Weine enthält, weil die Namen der Güter normalerweise nicht vor der Verkostung bekannt gegeben werden. Die Veranstalter werden in solchen Fällen die Benotung besonders kritisch prüfen, und oft wird Verkostern, die einen Wein vertreten, mitgeteilt, dass ihre Bewertung dieses Weins nicht berücksichtigt wird.

Benotung

Je nach Art der Veranstaltung wird von Degustatoren eine unterschiedliche Form der Bewertung verlangt. Es kann um fertige, auf Flaschen gezogene Weine gehen oder um Fassproben. In einem Durchgang können nur wenige Weine zu bewerten sein (bis zu zwanzig) oder sehr viele (über hundert). Einige Weinstile sind einfacher zu verkosten als andere. Es

ist beispielsweise immer schwierig, eine große Zahl junger, stark tanninhaltiger Rotweine zu degustieren. Den Degustatoren kann freistehen, die Weine ganz nach ihrem eigenen System zu benoten, oder sie werden im Gegenteil dazu angehalten, bestimmte Eigenschaften zu favorisieren. Bei einigen offiziellen regionalen Prämierungen werden die Verkosterinnen und Verkoster beispielsweise aufgefordert, Weine, die für die Region nicht typisch sind, herabzustufen, auch wenn sie gut sind. Manchmal muss man sich an ein strenges und differenziertes Degustations- und Punktesystem halten, manchmal genügt es, jedem Wein einfach eine Note zu geben. An manchen Prämierungen erhalten die Verkoster ein ausgeklügeltes Degustationsblatt, das so kompliziert sein kann, dass es ihre Bewertung zu verändern vermag. Eingeladene Degustatoren sollten die Informationen bezüglich der Art der Verkostung im Vorfeld erhalten, damit sie die Einladung ablehnen können, wenn sie mit dem angewandten System nicht einverstanden sind. Beim Verkosten und Benoten sollte absolute Stille herrschen; Besprechungen mit anderen Degustatoren oder Beeinflussungsversuche sind zu unterlassen.

Das Punktesystem bei der Benotung kann von Veranstaltung zu Veranstaltung verschieden sein. Bei manchen wird die 100-Punkte-Skala verwendet, bei anderen ist die Höchstnote 20 Punkte, bei einigen 7 oder 5. Entscheidender als die Punktezahl der Höchstnote ist aber der Weg, wie die Schlussnote eines Weins errechnet wird. Meistens werden die Bewertungen der einzelnen Degustatoren einfach addiert und die Summe durch deren Anzahl geteilt. Manchmal werden die schlechteste und die beste

Note gestrichen und dann die Durchschnittsnote ermittelt. Beide Methoden sind tauglich, man wirft ihnen aber vor, die Resultate, die sie hervorbringen, seien Kompromisse und reflektierten die Benotungen der einzelnen Verkoster zu wenig. Wie der New Yorker Weinimporteur und Großhändler Barry Bassin im *Decanter* schreibt: »Ein typisches Szenario: Eine sechsköpfige Jury benotet einen Wein, drei Mitglieder geben ihm Gold, drei Bronze. Das Resultat: Er erhält eine Silbermedaille. Bitte beachten Sie – niemand hat Silber vorgeschlagen.« Es gibt aber auch andere Wege, die Schlussnote zu berechnen. Das amerikanische Magazin *Tastings: The Journal of the Beverage Testing Institute* zum Beispiel gibt jedem Wein die Note als Schlussnote, die er von den meisten Verkostern erhalten hat. Wer sich für die Vorzüge und Nachteile der verschiedenen statistischen Methoden interessiert, dem sei die Lektüre von *Wines: Their Sensory Evaluation* von Maynard E. Amerine und Edward B. Roessler empfohlen. Hier nur so viel: Sobald mehrere Personen im Spiel sind, wird es immer auch verschiedene Meinungen geben, und das Resultat kann nur ein Kompromiss sein (wenngleich vielleicht durchaus ein glücklicher).

Auszeichnungen

Das letzte heikle Thema bei Weinprämierungen sind die Art und vor allem die Zahl der verteilten Auszeichnungen. Die meisten Wein-Wettbewerbe sind nach dem System der Olympischen Spiele aufgebaut.

Gold-, Silber- und Bronzemedaillen sind die häufigsten Auszeichnungen, aber im Unterschied zu den Olympischen Spielen gibt es in jeder Kategorie oft mehr als nur einmal Gold, Silber und Bronze. Das heißt, dass nicht nur der beste Wein Gold gewinnt, sondern alle anderen, die einen bestimmten Standard erreichen, ebenfalls. In vielen Fällen gibt es eine Spezialauszeichnung für den besten Wein innerhalb einer Kategorie. Deshalb kann es in einer Kategorie keine, eine oder mehrere Goldmedaillen geben, und über allen noch eine Spezialauszeichnung. Bei manchen Prämierungen gibt es unterhalb der Bronzemedaille eine Ehrenmeldung, die von den Franzosen scherzhaft »Schokoladenmedaille« genannt wird. Bei anderen Veranstaltungen erhält der beste Wein des Wettbewerbs einen Spezialpreis. Die UK Vineyards Association beispielsweise verleiht die Gore Brown Trophy, und die International Wine Challenge hat vor kurzem zwei neue Auszeichnungen ins Leben gerufen: die James Roger Trophy für Innovation und die Len Evans Trophy für konstant gute Resultate über fünf Jahre hinweg.

Die große Zahl von Auszeichnungen bei jeder Prämierung gibt Anlass zu Besorgnis. Laut der *Revue du Vin de France,* Oktober 1999, erhalten durchschnittlich 28 bis 30 Prozent der angestellten Weine eine Auszeichnung, bloße Ehrenmeldungen nicht mitgezählt. Dieser Anteil mag hoch scheinen, doch vielleicht ist er ja einfach ein Zeichen für die stark gestiegene Qualität der Weine. Oder vielleicht reichen Erzeuger, die wissen, dass ihre Weine keine Aussicht auf Erfolg haben, gar nichts ein. Wunschdenken? Eine zynischere Erklärung wäre, den Veranstaltern

sei daran gelegen, dass die Weine auch im folgenden Jahr wieder angestellt werden, und sie erlaubten sich deswegen nicht, allzu elitär zu werten.

Für Konsumentinnen und Konsumenten kann die Zahl der Auszeichnungen verwirrend sein. Oft könnte man annehmen, das Weingut selbst sei mit einer Medaille ausgezeichnet worden, doch in den meisten Fällen gilt sie einem bestimmten Wein. Ein Chardonnay, der 1997 mit Gold prämiert wurde, erreichte 1998 vielleicht nicht einmal Bronze, doch manch einer wird den 98er wegen der im Vorjahr gewonnenen Medaille kaufen.

Sinn von Weinprämierungen

In der Welt der Weinwettbewerbe ist nicht alles perfekt. Aber spielt das eine Rolle? Schließlich gibt es nicht nur eine Weinprämierung auf der Welt, und keine erhebt den Anspruch auf die absolute Wahrheit. Alles in allem glaube ich, dass bei Prämierungen gute Weine ausgezeichnet werden. Mir scheint, dass Wettbewerbe gut sind für den Weinhandel, und indem sie Maßstäbe setzen, tragen sie zur Verbesserung der Weinqualität bei. Prämierungen fördern die Weinindustrie und versorgen Kunden und Weinprofis gleichermaßen mit Informationen. Sie inspirieren und motivieren Produzenten auf der ganzen Welt, indem sie Vergleiche ermöglichen. Sie fördern die Experimentierlust, und dank ihnen werden neue Stile und neue Weingüter entdeckt. Zweifellos wären monumentale Weine wie Grange, Mas la Plana, Sassicaia oder Cloudy Bay auch ohne Weinconcours oder Ver-

gleichsproben entdeckt worden, doch dadurch, dass sie Preise gewannen, wurden wir früher auf sie aufmerksam, als das sonst der Fall gewesen wäre. Einige Degustationen wurden gar zu Meilensteinen der Weingeschichte. Als Steven Spurrier 1976 in Paris seine Degustation vorbereitete, an der rote Spitzengewächse von Bordeaux mit den besten Cabernets Sauvignons Kaliforniens und weiße Burgunder mit den besten kalifornischen Chardonnays verglichen werden sollten, dachte er wohl nicht im Traum daran, was für eine Sensation daraus werden sollte und dass die Leute noch zwanzig Jahre danach davon sprechen würden. Sowohl bei den Rot- wie bei den Weißweinen war der Gewinner ein Kalifornier – auserkoren von einigen der angesehensten Degustatoren Frankreichs. Was für ein Coup! Lang lebe der *Concours!*

»Wenn er einem Wein weniger als 90 Punkte gibt, will keiner ihn kaufen, wenn er ihm mehr als 90 Punkte gibt, kann ihn sich keiner leisten«, heißt es. Jeder Weinfan wird erraten haben, wem solche Macht zugeschrieben wird – es ist natürlich Robert Parker; Tim Atkin nennt dieses Phänomen das Parker-Paradox. Der berühmte Weinkritiker ist nicht der Erste, der Weine benotet, aber keiner vor ihm hat je solche Aufmerksamkeit erregt. Weinhändler, Broker, Versteigerer und gelegentlich sogar Gastronomen zögern nicht, seine Benotungen zu zitieren, vor allem wenn sie günstig ausgefallen sind. Seine Bewertungen haben eine sehr große Bedeutung für den Handel mit Spitzenweinen.

Robert Parker ist ein Amerikaner, der sich als Zwanzigerjähriger in Wein verliebte und, weil er mit der Art der Berichterstattung über Wein in den USA nicht zufrieden war, 1978 mit einem eigenen Wein-Newsletter begann. Seine starke Unterstützung der roten Bordeaux-Weine des Jahrgangs 1982 zu einem Zeitpunkt, als andere Kritiker noch zögerten, hat für den Aufbau seines Rufs wohl eine entscheidende Rolle gespielt. Seither hat er mehrere Bücher über Wein geschrieben und ist noch einflussreicher geworden. Doch mit dem Ruhm wuchs auch die Kritik. Die Klagen konzentrieren sich auf die Tatsache, dass sein Urteil, wie zutreffend es auch sein mag, eben doch bloß das eines Einzelnen ist und dass sein 100-Punkte-System irreführend sei.

Oft wirft man ihm vor, reiche, konzentrierte Weine mit deutlichem Eichenholzgeschmack zu favorisieren und Weine mit zarter Komposition zu übersehen. Parker weist dies mit dem Hinweis auf seinen Newsletter und seine Bücher zurück, worin zahlreiche zarte Weine sehr hohe Punktezahlen erreichen, und schließt daraus, dass seine Kritiker seine Veröffentlichungen gar nicht oder doch nicht sehr aufmerksam lesen.

Robert Parker und das 100-Punkte-System

Wenn man seinen persönlichen Geschmack und sein Bewertungssystem begriffen hat, hat man praktisch eine Garantie für beständige, zuverlässige Bewertungen. Wie weiter oben erwähnt, besteht das Problem eines Jury-Urteils in fehlender Zuverlässigkeit – je nach Zusammensetzung der Jury kann ein Wein als großartig bewertet werden oder bloß als gut. Seit 1996 hat Robert Parker Pierre-Antoine Rovani als Assistenten, doch sie haben die Weingebiete der Welt unter sich aufgeteilt, und es ist klar, wer was verkostet hat. Es braucht ganz schön Mut, Weine als Einzelner zu bewerten; man kann sich nicht hinter anderen Jurymitgliedern verstecken. Manchmal treffe ich Verkoster, die nicht einmal vor einer Hand voll Kollegen Stellung nehmen wollen. Von Parker dagegen wird wohl niemand behaupten, dass er sich scheue, Partei zu ergreifen. Sein Urteil wird von der Weinwelt genauestens untersucht und hinterfragt, sodass er es sich nicht leisten kann, Gefälligkeitsnoten zu geben. Dies trifft natürlich auf alle berühmten Weinkritiker zu, auf Stephen Tanzer so gut wie auf Clive Coates, die ihre Bewertungen in ebenso detaillierter Weise veröffentlichen.

Kann Robert Parker immer Recht haben? Natürlich nicht! Aber er behauptet das auch gar nicht; er tut bloß seine Meinung kund. Es fällt schwer, sich von der Seriosität seines Werks und der Menge von Detailinformationen, die er den Lesern gibt, nicht beeindrucken zu lassen. Er arbeitet hart und mit wahrer Leidenschaft, das lässt sich nicht bestreiten. Sein Kreuzzug für unfiltrierte Weine ist ein gutes Beispiel seiner Sorge um und seines Einsatzes für Qualität. Ich bezweifle, dass es viele ernst zu nehmende Weinprofis gibt, die nicht gelegentlich sein

Werk zurate ziehen oder sich sogar darauf verlassen, auch unter denen, die mit seinen Ansichten nicht so einverstanden sind.

Es ist schließlich nicht Parkers Schuld, dass seine Benotungen im Weinhandel dank seiner Verwendung der 100-Punkte-Skala mit geradezu religiöser Andacht nachgebetet werden, und es wäre unfair, die Qualität seines Urteils nicht anzuerkennen, selbst wenn auch er natürlich nicht unfehlbar ist.

Robert Parker ist auch nicht der einzige Wein-Guru mit Kultgemeinde. In Großbritannien genießt Malcolm Gluck vergleichbare Macht bei den weniger teuren Weinen. Im Detailhandel ist das Weinangebot so breit und unübersichtlich, dass es kaum überrascht, wenn Konsumentinnen und Konsumenten so oft bei Experten Rat suchen.

Weine wurden schon vor Robert Parkers Auftreten bewertet, aber selten anhand einer 100-Punkte-Skala. Und wenn Degustatoren ein Notensystem von 1–10 oder 1–20 Punkten benützten, pflegten sie ihre Feststellungen in kompakte Bewertungen zusammenzufassen wie »mittelmäßig« oder »hervorragend« oder das klassische 5-Sterne-System anzuwenden. Bevor Robert Parker die Szene betrat, bekamen Konsumenten nie eine Benotung zu sehen, die eine solche Exaktheit ausdrückte. Zum Beispiel benotet sein *Parker Bordeaux*, Ausgabe 1998, Château Le Pin 1996 mit 92–94 Punkten, den Jahrgang 1995 mit 93+.

Das Parker-System funktioniert ungefähr so: Ein Wein erhält von Anfang an 50 Punkte, maximal 5 Punkte für sein Aussehen, maximal 15 Punkte für seine Nase, maximal 20 Punkte für Gaumen und Nachgeschmack und maximal 10 Punkte für den

Gesamteindruck und das Lagerpotenzial. So entstehen folgende Benotungen: außerordentliche Weine 95 bis 100 Punkte, hervorragende Weine 90 bis 95 Punkte, überdurchschnittliche bis sehr gute Weine 80 bis 89 Punkte, einfache und durchschnittliche Weine 70 bis 79, und Weine mit weniger als 70 Punkten gelten als unterdurchschnittlich. Andere Publikationen (der amerikanische *Wine Spectator* beispielsweise) benoten ebenfalls nach der 100-Punkte-Skala, und wenn sich die Endnote auch etwas anders zusammensetzt, ist das Prinzip grundsätzlich dasselbe.

Ausgesetzt wird an dem Hunderter-System vor allem, es erwecke einen übertrieben wissenschaftlichen Eindruck, beschreibe den Geschmack eines Weins nicht und beschränke die Vielfalt der Weine.

Wenn zwei Weine ähnlichen Stils mit 87 bzw. 88 Punkten benotet werden, könnte man glauben, da sei eine wissenschaftliche Messmethode angewandt worden, so präzis und endgültig klingt das Urteil. Leider ist aber der menschliche Gaumen zu solcher Exaktheit gar nicht fähig. Selten sind sich Verkoster über einen Wein einig, und sogar ein und dieselbe Person wird denselben Wein nicht stets gleich benoten (obwohl die Noten nahe beieinander liegen sollten, wenn sie ihr eigenes Bewertungssystem anwendet).

Wenn zuverlässige und akkurate Bewertung mit Noten unmöglich ist, wäre es vielleicht ehrlicher, Beschreibungen wie hervorragend, gut oder schwach zu benützen. Das Problem liegt aber darin, dass solche Begriffe unterschiedlich interpretiert werden können. Das Wort Genie, einst der Beschreibung von Menschen vom Rang eines Mozart oder Einstein

vorbehalten, wird heutzutage gern für Fußballer oder Tennisspieler verwendet. Was würde die Parkersche Bewertung »hervorragend« über einen Wein aussagen? Einer der allerbesten Weine, die Parker je verkostet hat? Oder ein Wein, den er für ganz angenehm hält? Oder einfach ein hübsches Weinchen, gemessen an seinem Preis? Schwer zu sagen. Wenn er jedoch einen Wein mit 87 Punkten benotet, wissen wir, dass

er ihn für besser hält als einen, dem er nur 85 gegeben hat, und wir können ermessen, wie weit er von den allerbesten Weinen entfernt ist, die er je verkostete. Das System ist zwar vielleicht nicht wissenschaftlich exakt, aber wenigstens informativ.

Robert Parker will gar kein Superheld sein. In einem langen Interview, das er im Juni 1999 dem

Weinmagazin *Decanter* gab, erklärt er auf John Stimpfigs Frage zur wissenschaftlichen Genauigkeit seines Notensystems, er habe es nie als solches deklariert, seine Noten seien vielmehr sein persönliches, individuelles Urteil. Und zu Recht beschuldigt er seine Kritiker, die mit einer 20-Punkte-Skala und halben Punkten arbeiten, mit zweierlei Ellen zu messen: Schließlich haben sie so 40 Stufen zur Verfügung und sind damit seiner Hunderter-Skala, die ja genau besehen eine 50-Punkte-Skala ist, weil jeder Wein mit 50 Punkten anfängt, recht nahe!

Nicht Parker hat den Anspruch auf absolute Wahrheit in die Welt gesetzt, sondern die, die sich auf sein Werk stützen und seine Noten zu den Weinen auf ihrer Liste setzen. Aber wer kann sie tadeln? Nicht viele Weinprofis haben die Gelegenheit, auch nur einen Bruchteil der Weine zu verkosten, die Parker Jahr für Jahr im Glas hat. Broker, Weinhändler, Geschäftsführer einer Weinhandlung und Sommeliers verkosten regelmäßig Weine auf Messen oder bei den Produzenten, aber sie haben auch noch andere Aufgaben, während Robert Parker im Hauptberuf Wein benotet. In unserer schnelllebigen Gesellschaft ist er eine wunderbare Informationsquelle und, wie ich finde, ein ziemlich zuverlässiger Bewerter.

Zahlen können den Geschmack eines Weins nicht beschreiben, genauso wenig wie wenn ein Kritiker uns sagt, ein Wein sei gut, elegant oder gewöhnlich. Weinbeschreibungen sind sehr wichtig, um einen bestimmten Wein zu verstehen, doch so wie es bei der Benotung Meinungsverschiedenheiten gibt, ist Übereinstimmung auch bei der Beschreibung eines Weins keine Selbstverständlichkeit. Hocharomatische Reb-

sorten wie Muskateller oder Sauvignon Blanc einmal ausgenommen (sie schaffen es oft, dass die Verkostenden einer Meinung sind), gibt es viele Gelegenheiten, wo des einen Lakritze des andern Tabak ist. Auch bei der Beschreibung des optischen Erscheinungsbilds oder der Textur kann es zu Meinungsverschiedenheiten kommen, allerdings sind sie da weniger deutlich. Die Behauptung, Beschreibungen seien für Konsumentinnen und Konsumenten weit nützlicher als eine Benotung, ist fraglich. Es kommt vor allem auf die Qualität des Beschreibenden an. Auf die Gefahr hin, selbst als komplett »parkerisiert« zu gelten (lieber Robert, ich hoffe, du vergisst nicht, mir dein nächstes Buch zu schicken – als Freiexemplar, *bien sûr!*): In seinen Büchern fehlt es auch an Weinbeschreibungen nicht; es ist nur viel einfacher, sich auf seine Benotungen zu stützen. Larry Walker bemerkt in *Wine and Spirit International,* September 1994: »Jede Beurteilung von Wein, ob mit Worten oder Zahlen, ist subjektiv, doch weil Zahlen wissenschaftlich aussehen, haben sie mehr Bedeutung als Wörter.« Angemerkt sei, dass sich Larry Walker in diesem Artikel *nicht* für eine Bewertung mit Noten aussprach!

Der Journalist Gerald Asher vom Magazin *Gourmet* und Master of Wine Anthony Hanson sind der Ansicht, das 100-Punkte-System beschränke die Weinvielfalt (*Decanter,* September 1998). Sie glauben, dass immer mehr Weine, vor allem Rotweine, nach einer Formel produziert werden, um eine gute Benotung zu gewährleisten. Auf Englisch nennt man sie TEC-Weine, weil bei der Vinifikation auf Technik, Extrakt und Farbe (Colour) gesetzt wurde sowie auf Ausbau im Barrique, um die Käufer zu beeindrucken. Laut Gerald Asher werden einige wundervolle Bordeauxweine gar nicht in die USA importiert, weil die Kaufentscheidungen aufgrund der Bewertungen im Hundertersystem gefällt werden. Die meisten Bordeaux, die heute in den USA erhältlich sind, seien nicht mehr wie früher vom Weinberg und dem Jahrgang geprägt, sondern von Kellertechniken, die auf eine hohe Benotung abzielen.

An diesen Behauptungen ist sicher etwas Wahres, wie das plötzliche Auftauchen neuer kleiner Weingüter zeigt, die man scherzhaft »Les Garagistes« nennt. Viele ihrer Weine haben eine tiefe Farbe, riechen stark nach Eiche und sind extrem intensiv in der Nase, am Gaumen sind sie reich, ja üppig. Ich muss gestehen, dass ich selbst gelegentlich gern so einen Wein trinke. Zweifellos hat die allgemeine Bedeutung des 100-Punkte-Systems dazu beigetragen, dass diese Weingüter ihren Ruhm in so kurzer Zeit erlangten. Doch Trends gab es beim Wein seit je und wird es auch in der Zukunft geben, und Exzesse werden für gewöhnlich im Laufe der Zeit korrigiert. Und es gibt genügend Weinkritiker, die für die Bedeutung von Finesse und Eleganz ins Feld ziehen, sodass die Gefahr, es gebe bald nur noch »Blockbuster« und Bombenweine, klein ist. Wenn das Hunderter-System die Vielfalt in der Spitzenklasse verringert hat, so muss man doch sehen, dass es auch dazu beigetragen hat, viele unterdurchschnittliche Weine zu eliminieren. Niemand kann abstreiten, dass dank dem Trend zu reichen, weichen Weinen mit vollem Geschmack, vor allem Rotweinen, viele Erzeuger ihre Erträge reduzieren und das Risiko einer späteren Lese auf sich nehmen, um fruchtigere und reifere Weine zu keltern.

Ich muss gestehen, dass ich selbst Parkers Benotungen zurate ziehe. Wenn ich beispielsweise eine Kiste eines Spitzenbordeaux eines älteren Jahrgangs kaufen möchte, wird der Händler keine Flasche für mich öffnen, damit ich ihn verkosten kann. In diesem Fall geben Robert Parker und sein 100-Punkte-System nützliche Informationen, um zu einer Entscheidung zu kommen. Parker und und seine Benotungen sind nicht dazu da, um religiös befolgt zu werden, sondern damit man sie konsultiert und gelegentlich in aller Freundschaft in Zweifel zieht.

Was immer man über die Benotung von Weinen denken mag – wir alle bewerten Wein auf unsere eigene Art. Vielleicht benützen wir keine Punkteskala, aber wir werden den Geschmack eines Weins wenigstens grob mit »mag ich«, »mag ich nicht« oder »weiß nicht« beurteilen. Und viele geben sich damit noch nicht zufrieden. Wenn man ihnen drei Weine vorsetzt, würden die meisten wohl einen zum Lieblingswein erklären (vielleicht den mit dem würzigsten Geschmack), von einem anderen sagen, dass sie ihn gern mögen und vom dritten, dass sie ihn gerade noch mögen. Instinktiv hätten sie damit die Weine in der Reihenfolge ihrer Qualität, wie sie sie wahrnehmen, aufgeführt.

Wenn wir spontan dazu neigen, einen bestimmten Wein vorzuziehen und die übrigen auf die Ränge zu verweisen, könnte ein System nützlich sein. Es würde uns helfen, genauer und zuverlässiger zu urteilen und zugleich unser Weinwissen zu vergrößern und damit unser Selbstvertrauen zu stärken. Kein System wird stets unfehlbare Resultate liefern, doch ich glaube, dass ein System ein hilfreiches Instrument zur Bestimmung von Qualität und zur Umsetzung in eine aussagekräftige Zahl sein kann. Auch eine Meinungsumfrage trifft nur durch reines Glück bis auf die letzte Stelle hinter dem Komma ins Schwarze, doch wenn sie gewissenhaft durchgeführt wurde, sollten ihre Vorhersagen ziemlich zutreffend sein.

Man muss wissen, was man sucht und wie man seine Feststellungen interpretieren kann, deshalb ist es entscheidend, dass die Methode, die Sie wählen, Ihnen auch liegt. Sie können 100 Punkte vergeben oder 20, drei Medaillen oder was auch immer. In der Märzausgabe 1998 des *Decanter* erklärte Steven Spurrier, er habe vom 20-Punkte-System zum 5-Sterne-System gewechselt, weil die Qualität der Weine im Allgemeinen so hoch sei, dass eine Einteilung in fünf Stufen für eine Bewertung ausreiche. Welche Skala Sie verwenden, ist nicht so wichtig. Wichtig ist, wie Sie zu Ihrer Schlussbewertung kommen. Wenn Sie von einem Wein hören, er sei vom einen Magazin mit Gold ausgezeichnet worden, habe in einem anderen 9 von 10 Punkten und von Parker 96 von 100 Punkten erhalten, würden Sie bei jeder dieser Benotungen einen sehr guten Wein erwarten.

Ich benütze die 20-Punkte-Skala, weil sie mir am vertrautesten ist und ich sie am einfachsten finde. Doch die Details der 100-Punkte-Skala können für Kunden sehr nützlich sein, deshalb rechne ich manchmal meine Bewertungen in Noten des Hunderter-Systems um.

Lange Zeit war ich fasziniert von den zahlreichen Bewertungssystemen, die von Verkostern und Weinschulen rund um die Welt entwickelt wurden. Das Ziel ist zwar überall ein ähnliches, doch die Metho-

Mein System

den, um es zu erreichen, können völlig verschieden sein, weil sie von verschiedenen Sparten der Weinwelt und für leicht unterschiedliche Zwecke verwendet werden. So mag eine Bewertungsmethode, die von Önologen entwickelt wurde, mehr Gewicht auf die Struktur des Weins legen, eine andere gewisse Aromen stärker benoten.

Für mich sind die meisten Systeme entweder zu unbestimmt (dann lassen sie dem Verkostenden zu viel Spielraum) oder so kompliziert, dass sie in der Anwendung kontraproduktiv werden. Wenn ein System zu viel der Interpretation überlässt, wird es unzuverlässig und ist nicht viel mehr wert als eine Bewertung aus dem Bauch heraus. Manche Methoden geben den Verkostern bei der Beurteilung der Aromen eines Weins Raum für deren Intensität und Charakter, dann soll er von fehlerhaft bis hervorragend eingestuft werden und eine Note erhalten. Meiner Meinung nach sollte das System dem Degustator helfen, die Signale klarer zu interpretieren. Beispielsweise wird man präzisere Kommentare erhalten, wenn man Fragen stellt wie zum Beispiel: »Warum bewerten Sie den Geruch diese Weins nicht als hervorragend? Ist er nicht reintönig genug oder zu stark von Eichenholz geprägt?«

Andererseits können zu viele Instruktionen zu seltsamen Ergebnissen führen. Es ist wie beim Zeichnen einer Landschaft – wenn Sie nicht stets das ganze Bild im Auge behalten, laufen Sie Gefahr, dass einzelne Elemente die Proportion verlieren. Zu viele Unterteilungen können sich gegenseitig aufheben oder die Bedeutung wichtiger Faktoren schmälern. Zudem ist es anstrengend, Wein in so vielen Details zu untersuchen, und die Konzentration lässt leicht nach.

Ich habe einmal ein Degustationsblatt für Rotwein gesehen, das allein für den Gaumen 16 Unterteilungen vorsah, darunter Sauberkeit des Geschmacks, Angenehmheit des Geschmacks, Komplexität des Geschmacks, Intensität des Geschmacks, Vinosität, Gesamteindruck von Geschmack und Aroma; jedes dieser Kriterien war mit maximal 3 Punkten bewertet. Wenn man alle Noten für Auge, Nase und Gaumen addierte, waren insgesamt maximal 100 Punkte möglich.

Dieses Blatt war von einem Weinexperten entworfen worden, der ein Buch voll guter und vernünftiger Ratschläge über das Verkosten verfasst hatte; er selbst mochte ja mit seinem System zurechtkommen, aber ich fand es einfach zu schwerfällig.

Ein Degustationsblatt, das bei einer Weinprämierung in einem anderen Land benützt wird, hat im Abschnitt Gaumen nur sechs Unterteilungen: Fehlerlosigkeit, Intensität, Körper, Harmonie, Nachgeschmack und noch einmal Harmonie (ich nehme an, hier bezieht sie sich auf den Nachgeschmack), die maximal je 8 Punkte bringen können; Auge, Nase und Gaumen ergeben zusammen ebenfalls maximal 100 Punkte.

Für mich muss ein gutes, praktisches System präzise und methodisch sein, aber einfach in der Anwendung. Es muss die wichtigen Elemente des Weins bewerten und zugleich den Gesamteindruck im Auge behalten. Das System, das ich im Folgenden vorstellen werde, habe ich aus meiner Erfahrung und der Lektüre von Büchern über das Verkosten sowie anhand von Degustationsblättern entwickelt. Ich will nicht behaupten, es sei die perfekte Methode, aber mir entspricht sie ganz gut.

Klassischerweise ist die Bewertung in Auge, Nase
und Gaumen unterteilt. Das Auge wird als Ganzes
beurteilt, ebenso die Nase, der Gaumen gliedert sich
in vier Abschnitte; maximal sind 20 Punkte möglich.

Benotung

	Punkte maximal	Punkte minimal
Auge	3	1,5
Nase	5	2,5
Gaumen	12	6
Struktur	*3*	*1,5*
Geschmack	*3*	*1,5*
Balance	*3*	*1,5*
Länge	*3*	*1,5*
Total	20	10

Jede Kategorie ist wie folgt in halbe Noten unterteilt:

	fehlerhaft	mittelmäßig	durchschnittlich	überdurchschnittlich	außerordentlich
Auge	0	1,5	2	2,5	3
Nase	0	2,5	3 (3,5)	4 (4,5)	5
Struktur	0	1,5	2	2,5	3
Geschmack	0	1,5	2	2,5	3
Balance	0	1,5	2	2,5	3
Länge	0	1,5	2	2,5	3
Total	nur eine 0, und der Wein scheidet aus	10	13/(13,5)	16,5/(17)	20

Dank der Verwendung halber Noten erlaubt mein System 21 mögliche Schlussbewertungen, obwohl die Minimalnote 10, die Maximalnote 20 ist.

Die Bewertungsskala:

Punkte

10/10,5/11	**mäßig**
11,5/12/12,5	**korrekt**
13/13,5/14	**durchschnittlich**
14,5/15/15,5	**überdurchschnittlich**
16/16,5/17	**sehr gut** (Bronze)
17,5/18/18,5	**großartig** (Silber)
19/19,5/20	**außerordentlich** (Gold)

In meinem System kann ein Wein nicht weniger als 10 Punkte erhalten, nicht weil die Bewertung erst bei 10 Punkten beginnt, sondern weil er automatisch ausscheidet, wenn er in einer der sechs Sparten 0 Punkte erzielt. Weine mit weniger als 10 Punkten bewerte ich nicht; wenn in einer Sparte ein ernst zu nehmender Fehler feststellbar ist, ist der Wein für mich untrinkbar und nicht marktfähig. Was für einen Sinn hätte ein Wein mit der Schlussnote 8 wegen eines Korkschmeckers? Korkschmecker dient hier nur als Beispiel, dasselbe gilt für einen trüben oder extrem sauren Wein. Es ist sinnlos und unnötig, einem untrinkbaren Wein eine Schlussbewertung zu geben, bloß weil er in einer Sparte annehmbar schien. Entscheidend ist der Gesamtzustand – ein Wein muss im Ganzen zumindest fehlerfrei sein.

So funktioniert's

Jede Note in jeder Sparte muss gemäß klaren Richtlinien zugeordnet werden, die die Verkostenden auf die wichtigsten Überlegungen hinweist.

Auge

0 Punkte = fehlerhaft

Der Wein scheidet aus. Er kann trüb oder wolkig sein oder einen leichten Schleier haben, weil er einen Weinfehler aufweist. Dank moderner Kellertechnik und Qualitätskontrolle kommt das heutzutage äußerst selten vor. Weinsteinkristalle (Tartrat) oder Depot sind keine Weinfehler (s. Kapitel 4, Seite 96–99).

1,5 Punkte = mittelmäßig

Der optische Eindruck ist nicht fehlerhaft, aber der Wein ist entweder:
– farblos (Weißwein)
– sehr blass für seinen Stil (Rotwein)
– zu stark gereift für sein Alter
– zu extrahiert (sieht für seinen Stil zu schwer aus)
– zu stark kohlensäurehaltig (für einen Stillwein)
– »gemacht«, glänzend, von etwas künstlicher
  Farbe

2 Punkte = durchschnittlich

Der Wein sieht normal aus, hat nichts Aufregendes an sich, aber auch nichts Beunruhigendes.

2,5 Punkte = überdurchschnittlich

Das Erscheinungsbild des Weins ist ausgewogen (Brillanz, Farbe, Intensität) und flößt Vertrauen ein. Die meisten Weine sollten in diese Kategorie fallen.

3 Punkte = außergewöhnlich

Das Erscheinungsbild ist interessant und attraktiv, entweder noch unreif und viel versprechend oder von wunderschöner Farbe, die dem Weinstil entspricht.

Nase

Der Geruch des Weins ist von entscheidender Bedeutung, und in meinem System ist dies die am höchsten bewertete Sparte. In vielen Systemen werden nicht nur für die Attraktivität der Aromen Punkte gegeben, sondern auch für die Intensität. Das ist nicht ganz verkehrt, doch ich finde, dass einige sehr gute Weine auf diese Weise unterbewertet werden, weil sie in der Nase etwas zu wenig intensiv sind. Deswegen bezeichnet jede Note in dieser Sparte zwei verschiedene Weintypen, die offeneren, extravertierten Weine (A) und die zurückhaltenderen, reservierteren (B). Am besten sind jene Weine, die Qualität und Stärke ihrer Aromen harmonisch verbinden. In der Kategorie der extravertierten treffen wir eher junge, aus aromatischen Rebsorten gekelterte Weine und Weine, bei deren Vinifikation Wert auf Geruch gelegt wurde. Bei den zurückhaltenden finden wir ältere Weine oder solche, bei deren Vinifikation weniger Wert auf Duft gelegt wurde.

0 Punkte = fehlerhaft

Der Wein hat entweder einen Korkschmecker oder zu viel flüchtige Säure oder einen anderen klassischen Weinfehler (s. Kapitel 4, »Weinfehler«, Seite 96–99) und scheidet daher aus.

2,5 Punkte = mittelmäßig

A) *Künstlich, synthetisch:* Der Wein ist nicht fehlerhaft, aber unelegant und hat einen leicht chemischen (»gemachten«) Geruch oder riecht stark und grob rustikal.

B) *Fad:* Das ist kein Fehler, aber die Nase ist schwach und der Geruch nicht aufregend, beinahe schal.

3 Punkte = durchschnittlich

A) *Deutlich:* Durchaus akzeptabel, aber stark und ohne Finessen, riecht zum Beispiel ausschließlich nach Eichenholz.

B) *Einfach:* Wenig Charakter, aber nicht ungefällig.

3,5 Punkte = überdurchschnittlich

A) *Ausdrücklich:* Etwas mehr Definition, aber immer noch sehr kräftig und nicht viel Charakter.

B) *Unkompliziert:* Ein Hauch von Charakter, aber nicht genug, um wirklich aufzuregen zu sein.

4 Punkte = überdurchschnittlich

A) *Üppig (fruchtbetont):* Der Wein hat einen gut definierten Charakter, ist kräftig und attraktiv, aber sehr eindimensional.

B) *Verhalten:* Der Charakter ist deutlicher präsent und zeigt Potenzial, könnte aber ein wenig ausgeprägter sein.

4,5 Punkte = sehr gut

A) *Parfümiert:* Der Charakter ist gut definiert, aber nicht zu üppig und daher subtiler und eleganter.

B) *Duftig:* Der delikate Charakter zeigt Ansätze von schöner Variation, eine wirklich schöne Nase. Hier, und nur hier treffen sich die beiden Kategorien beinahe: Die extravertierten Weine haben sich etwas zurückgenommen, sie sind etwas reservierter geworden, aber nicht so sehr, dass sie vollständig reintönig wären; die zurückhaltenden Weine ihrerseits beginnen, eine Vielfalt von Gerüchen zu verströmen, auch wenn sie noch nicht so wunderbar komplex sind.

5 Punkte = außerordentlich

A) *Reintönig:* Die Nase ist außerordentlich sauber, sie wird von einem einzigen, schönen Duft beherrscht, aber nicht restlos dominiert. Hinzu kommen einige weitere, leichtere Aromen. Es ist, als ob der Wein die Intensität seines Dufts zügeln würde, um ausgeglicherer zu sein.

B) *Komplex:* Die Nase ist sensationell, aber die Düfte sind kaum zu benennen und zu beschreiben, da die Nase sich fortwährend wie ein einziges Duftkaleidoskop verändert und uns mit ihrem einzigartigen, unnachahmlichen Charakter stets aufs Neue überrascht.

Gaumen: Struktur

Struktur ist die Gestalt des Weins in Ihrem Mund. Wie fühlt er sich an? Körperreich und rund oder frisch und knackig? Die Struktur ist sehr wichtig.

0 Punkte = fehlerhaft
Der Wein hat einen schwerwiegenden Fehler: Er ist schrecklich hart, scharf oder ölig (ein sehr seltener Weinfehler).

1,5 Punkte = mittelmäßig
Der Wein hat keine Gestalt oder ist deformiert: Es fehlt ihm entweder an Säure und er wirkt flach, oder er hat zu viel davon und ist spitz. Er kann auch zu viel Alkohol haben und deshalb schwer sein.

2 Punkte = durchschnittlich
Der Wein ist nett, aber ohne Definition; Gestalt, Körper und Textur sind schwer einzuordnen, der Wein fühlt sich im Mund nicht erinnerungswürdig an.

2,5 Punkte = überdurchschnittlich
Der Wein ist gut definiert, zeigt Gestalt und Körper, hat aber keine wirklich überragende Textur.

3 Punkte = außerordentlich
Der Wein hat eine perfekt definierte Struktur, seine Textur ist großartig: rund und samtig, geschmeidig und seidig, saftig und sehr frisch, fest, aber schön reif. Mit anderen Worten, der Wein ist schön und fühlt sich wunderbar an.

Gaumen: Geschmack

Wie Jancis Robinson in ihrem Weinlexikon ausführt, kann das Wort Geschmack für den Gesamteindruck in der Nase und am Gaumen benützt werden (den Geruch, den Rückgeruch und die Geschmacksempfindungen sauer, süß, bitter, salzig, adstringierend) oder sich ausschließlich auf die Geschmacksempfindungen beziehen, die im Gaumen stattfinden. Ich verwende das Wort in diesem Sinne, denn für die Nase benütze ich die Wörter Aroma, Geruch oder Bukett.

0 Punkte = fehlerhaft
Falscher Geschmack, zum Beispiel Korkschmecker, Schwefelwasserstoff (s. Kapitel 4, »Weinfehler«, Seite 96–99).

1,5 Punkte = mittelmäßig
Nicht sehr elegant, trinkbar, aber keine Freude.

2 Punkte = durchschnittlich
Der Wein hat einen einfachen Geschmack, nicht unvergesslich, aber korrekt.

2,5 Punkte = überdurchschnittlich
Der Geschmack ist angenehm, es fehlt aber an Dimension, um wahrhaft aufregend zu sein.

3 Punkte = außerordentlich
Der Gaumen ist voller wunderbarer, distinguierter Geschmacksnoten.

Gaumen: Balance

Balance ist bei Wein ein entscheidender Qualitätsfaktor. Sie ist das Ergebnis des Zusammenspiels und der Harmonie von Struktur und Geschmack.

0 Punkte = fehlerhaft
Völlig unausgewogen, aggressiv; da ist etwas schief gelaufen, vielleicht zu viel flüchtige Säure oder Schwefeldioxid.

1,5 Punkte = mittelmäßig
Gerade noch trinkbar, aber kein Genuss: entweder scharf, hart, zu süß, brennend (zu viel Alkohol), hohl oder überextrahiert. Am besten zu Sangria oder Glühwein verarbeiten.

2 Punkte = durchschnittlich
Der Wein ist nicht unangenehm, aber eine Komponente schlägt aus der Reihe.

2,5 Punkte = überdurchschnittlich
Der Wein ist ausgewogen und angenehm, könnte aber zum Beispiel im Verhältnis zu seinem Körper ein wenig mehr Geschmack haben etc.

3 Punkte = außerordentlich
Bei diesem Wein stimmt einfach alles, Struktur und Geschmack spielen wundervoll zusammen.

Gaumen: Länge

0 Punkte = fehlerhaft
Schreckliches Finale: Der Nachgeschmack ist extrem bitter oder überaus sauer; der Wein ist untrinkbar.

1,5 Punkte = mittelmäßig
Eine gewisse Bitterkeit oder Säure dominiert, aber glücklicherweise hält sie im Nachgeschmack nicht lange genug an, um den Wein untrinkbar zu machen. Möglich ist auch, dass ein Wein einen starken, aber uneleganten, geradezu klebrigen Nachgeschmack hat, zum Beispiel schweren und ordinären Eichenholzgeschmack.

2 Punkte = durchschnittlich
Der Wein ist in Ordnung, hat aber ein ziemlich undifferenziertes Finale, er macht nichts verkehrt, hat aber einfach nicht genug Nachgeschmack. Recht viele Weine fallen in diese Kategorie.

2,5 Punkte = überdurchschnittlich
Der Wein endet auf einer wirklich schönen Note, die aber nicht sehr lange anhält.

3 Punkte = außerordentlich
Der Nachgeschmack besteht aus den richtigen Komponenten, er ist angenehm und hält nach dem Schlucken oder Spucken deutlich an.

In meinem System gibt es keine eigene Sparte für den allgemeinen Eindruck eines Weins. Viele Bewertungssysteme mit Höchstnote 20 reservieren dafür 3 Punkte, Hundertersysteme 10 Punkte oder mehr. Ich sehe den Zweck dieser Schlussnote nicht recht ein: Wenn die Hauptaspekte eines Weins, und insbesondere die Balance, korrekt beurteilt worden sind, besteht für diese zusätzliche Allgemeinbewertung kein Bedarf, weil sie ohnehin bloß das bereits gefällte Urteil bestätigen würde. Können Sie sich vorstellen, dass ein Wein 17 von 17 möglichen Punkten erhält und dann in der Bewertung des allgemeinen Eindrucks nur einen einzigen Punkt? Oder dass ein Wein in den vorherigen Bewertungen nur 8 von 17 Punkten erhält und dann in der Schlusswertung 2 Punkte? Wenn die Schlussnote allein das Gefühl ausdrücken soll, das ein Degustator für einen Wein empfindet, dann hat das ganze System einen hedonistischen, um nicht zu sagen subjektiven Zug. Daran ist nichts verkehrt, aber in diesem Fall beurteilen und bewerten die Verkostenden nicht ausschließlich die Qualität, sondern auch ihr eigenes persönliches Vergnügen.

Bei meiner Methode geht es, mit Ausnahme der Sparte »Nase«, darum zu entscheiden, ob ein Wein innerhalb einer Sparte schrecklich, mäßig, okay, gut oder hervorragend abschneidet. Ich finde, damit differenziert sie genügend, ohne die Sache zu kompliziert zu machen oder einer der Sparten zu viele Punkte zuzugestehen.

Kapitel 6

Verkostungsnotizen

Für Außenstehende werden die eingenartigen, Verkostungsnotizen genannten Kritzeleien eher aussehen wie die Geheimformeln eines Alchimisten als wie exakte Aufzeichnungen der Sinneseindrücke einer zurechnungsfähigen Person. Doch sie erfüllen bei der Weinverkostung eine wichtige Aufgabe – sie erlauben uns, ein Gefühl festzuhalten. Der Geschmack des Weins, den Sie trinken, mag im Moment eindeutig sein, aber wie wollen Sie sich in zwei Tagen, zwei Wochen, zwei Monaten oder nur zwei Stunden daran erinnern? Wenn es sich um einen Wein handelt, den Sie hervorragend fanden und bei einer besonderen Gelegenheit genossen haben, etwa zu Ihrem Geburtstag, stehen die Chancen zwar gut, dass der Geschmack lange in Ihrem Gedächtnis haften bleibt, doch oft werden Sie sich allenfalls daran erinnern, dass der Wein rot war. Es sei denn, Sie haben sich die Zeit genommen, ein paar aussagekräftige Worte zu notieren. Außer dem konkreten Geschmack des Weins können umfassende Verkostungsnotizen Erinnerungen an den ganzen Anlass wachrufen, den Ort, wo die Verkostung stattfand, die Jahres- und die Tageszeit, die Leute, die daran teilnahmen …

Für Weinprofis ist es von absolut entscheidender Bedeutung, ihre Eindrücke aufzuzeichnen. Oft werden wir mit einer großen Zahl Weine konfrontiert, die wir in knapp bemessener Zeit verkosten müssen. Nach einer langen Degustation ist man nur zu leicht etwas konfus und kann sich nicht mehr genau erinnern, von welchen Weinen man beeindruckt war. Wie sollte man sich beispielsweise im Zug, auf dem Heimweg von einer Weinmesse, erinnern, welche drei, vier Mosel-Rieslinge aus den rund fünf Dutzend herausragten, und warum – wenn wir uns nicht auf

Verkostungsnotizen stützen könnten, die wir an Ort und Stelle gemacht haben und in denen wir nun nach Belieben blättern können?

Kaufentscheidungen werden häufig lange nach einer Degustation getroffen. Die meisten Käufer wollen lieber in Ruhe überlegen und den Wert der Weine abwägen, die sie verkostet haben, als von einem Verkäufer zu einer raschen Entscheidung gedrängt zu werden.

Im Gegensatz dazu sollten Verkostungsnotizen sofort aufgezeichnet werden, noch während der Degustation. Wenn man auch nur ein paar Minuten wartet, nachdem der Wein weg ist, können sie ungenau und damit unzuverlässig ausfallen.

Kellermeister stützen sich zu einem großen Teil auf die Notizen, die sie während der Vinifikation von ihren Weinen machen. Wenn es an das Verschneiden mehrerer Tanks oder Fässer miteinander geht, wird die Entscheidung, welcher Grundwein für eine Spitzencuvée taugt und welcher in den Zweitwein kommt, oft aufgrund der Verkostungsnotizen für jeden einzelnen Behälter gefällt. Verkostungsnotizen sind für Kellermeister deshalb unabdingbare Arbeitsinstrumente.

Vom Aufzeichnen der Geschmackseindrücke ist es nur ein kleiner Schritt zur Weitergabe. Verkostungsnotizen ermöglichen es uns, Charakter und Qualität eines Weins zu kommunizieren. Diese Kommunikation kann mündlich erfolgen, etwa durch Verkäufer in Weinhandlungen oder Sommeliers in Restaurants, oder schriftlich, beispielsweise in Preislisten von Weinhandlungen oder als Artikel von Weinjournalisten. Welcher Weinliebhaber war nicht schon versucht, eine bestimmte Flasche zu kaufen,

nachdem er eine begeisterte Beschreibung einer Vertrauensperson gehört oder gelesen hatte?

Schließlich ist das Verfassen von Verkostungsnotizen eine ausgezeichnete Methode, um die eigene Degustationsfähigkeit zu entwickeln, indem es dazu zwingt, sich einzig und allein auf den Wein zu konzentrieren, der beurteilt wird. Eine gut durchdachte Beschreibung zu verfassen, ist der beste Weg, die Wahrnehmung und das Verständnis für einen Wein zu schulen. Es ist manchmal lästig, zugegeben, vor allem, wenn es um eine goße Zahl von Weinen geht, aber glauben Sie mir: Ihr Durchhaltevermögen wird sich auszahlen.

Festzuhalten ist, dass Weinbewertung, wie sie in Kapitel 5 (Seite 100 ff.) beschrieben wird, nicht als Verkostungsnotiz angesehen werden kann. Einem Wein einfach eine Note zu geben, beschreibt weder seinen Geschmack noch wie er sich am Gaumen anfühlt. Eine Note kann aber Teil einer Verkostungsnotiz sein und diese abschließen.

Es fällt zwar nicht schwer, die allgemeine Bedeutung von Verkostungsnotizen anzuerkennen, doch ihr konkreter Wert ist vielleicht unklar. Kann man wirklich ein Gefühl für einen Wein bekommen, wenn man bloß eine Verkostungsnotiz über ihn liest? Wenn ich eine rasche Antwort geben müsste, würde ich eine Verkostungsnotiz mit einem Phantombild eines Tatverdächtigen vergleichen, wie wir es in Zeitungen oder am Bildschirm sehen können, das anhand von Zeugenaussagen erstellt worden ist. Ähnlich ist es bei Wein: Verkostungsnotizen können nie die direkte Erfahrung ersetzen, aber sie können oft eine gute Vorstellung von Charakter und Qualität eines Weins geben.

In welchem Ausmaß dabei die Eigenschaften eines Weins vermittelt werden können, hängt zum einen von der Fähigkeit des Verfassers ab, zum anderen vom Weinverständnis der Leser. Ich will nicht behaupten, dass nur Leute vom Fach Verkostungsnotizen verstehen können, aber wahrscheinlicher ist es schon. Oft von Außenstehenden belächelt, werden Verkostungsnotizen gelegentlich mit einer Geheimsprache verglichen, die ausschließlich Eingeweihte erfassen können. Dies trifft jedoch nicht ganz zu, denn das Vokabular entstammt zum größten Teil der Alltagssprache. Sagt man Leuten, die nur wenig von Wein verstehen, zum Beispiel, ein Wein sei parfümiert oder trocken, sollte ihnen das, wenn auch keine exakte Beschreibung, so doch mindestens eine Vorstellung von dessen Geschmack geben.

Länge und Inhalt sind die beiden wichtigsten Aspekte von Verkostungsnotizen, und beide werden sie stark von mehreren miteinander zusammenhängenden Faktoren beeinflusst: die für die Weinprobe zur Verfügung stehende Zeit, Ort und Anlass, die Qualität der Weine, die Fähigkeit und Erfahrung der Verkostenden und, bei Leuten aus dem Weinhandel, ihre Aufgaben und Ziele.

Die Länge der Verkostungsnotizen wird vor allem durch die Begleitumstände bestimmt. Wenn bei einer großen Degustation die Zeit knapp ist, werden Sie weniger schreiben als wenn Sie alle Zeit der Welt haben. In einem gut besuchten Restaurant wird der Sommelier, der im Schnitt an jedem Tisch vielleicht drei, vier Weine beschreiben muss, nur ein paar Schlüsselbegriffe wie leicht, trocken, knackig, voll, fest, rund, weich benützen, dazu ein oder zwei Ausdrücke für die Nase und hin und wieder eine kleine

Anekdote zum Besten geben. Auch die Qualität der vorgestellten Weine wirkt sich auf die Länge der Notiz aus: Eine Serie kaum trinkbarer Tropfen ist natürlich weniger dazu angetan, Sie zu inspirieren, als ein Set von Spitzencabernets aus den besten Anbaugebieten der ganzen Welt.

Was die Aussagekraft betrifft, ist die Länge von Verkostungsnotizen nicht so wichtig. Ein und derselbe Wein kann mit ein paar Worten im Telegrammstil ebenso treffend beschrieben werden wie mit einem ganzen, aus mehreren Sätzen bestehenden Abschnitt. Denken Sie daran, dass lange Beschreibungen zwar mehr Informationen vermitteln, aber auch mehr Verwirrung stiften können.

Was Verkostungsnotizen interessant und nützlich oder langweilig und unnötig macht, ist ihr Inhalt. Sie können streng analytisch geschrieben werden oder in der Absicht, eine bestimmte Vorstellung mit viel größerem Spielraum für Interpretation zu vermitteln.

Analytische Verkostungsnotizen konzentrieren sich in erster Linie auf die Weine, und die Degustatoren werden sich bemühen, so objektiv wie möglich zu sein. Kellermeister, die mehrere Fässer ihrer Weine verkosten, bevor der Ausbau beendet ist, werden sich mit ziemlich knappen Aufzeichnungen begnügen, die trotzdem alle Aspekte der Weine abdecken. Dasselbe gilt für Weineinkäufer, Weinhändler, Sommeliers und Journalisten, wenn sie Weine kaufen oder auswählen. Natürlich betrachten sie die Weine nicht aus exakt demselben Blickwinkel und ihre Kommentare zu denselben Weinen mögen sich unterscheiden, doch ihre Philosophie wird dieselbe sein. Zweifellos werden Relevanz und Präzision ihre Überlegungen be-

herrschen. Rein analytische Verkostungsnotizen zeichnen Verkoster oft nur für den Eigengebrauch auf, daher brauchen sie keinerlei schmückendes Beiwerk. Wenn die Verkoster aber nicht nur die Weine, sondern auch die Leute, die sie trinken werden, in Betracht ziehen, kann sich die Philosophie, die hinter den Verkostungsnotizen steht, beträchtlich ändern.

Verkostungsnotizen mit einem hohen Interpretationsanteil können von kommerziellen Interessen beeinflusst sein; dann werden sie wahrscheinlich die besten Seiten eines Weins betonen und die gewöhnlicheren Züge übergehen. Nicht, dass solche Beschreibungen falsch wären – aber sie sind unvollständig und können die Aufmerksamkeit der Konsumentinnen und Konsumenten vom Gesamtbild eines Weins ablenken. Manchmal kaufen Weineinkäufer für Handlungen oder Restaurants einen Wein, weil er preislich gesehen eine Lücke füllt oder weil er ungewöhnlich ist (aus einer unbekannten Rebsorte

gekeltert wird oder aus einem neuen Anbaugebiet stammt), obwohl seine Qualität zwar annehmbar, aber ziemlich durchschnittlich ist. Wenn solche Weine gegenüber Kunden beschrieben werden, hört man zusätzlich zu den ein, zwei Adjektiven, die eine Vorstellung seines Geschmacks geben sollen, oft die Wörter »interessant« oder »anders«. Zuweilen wird auch mehr darüber gesagt, was der Wein alles nicht ist, zum Beispiel: »Ein ganz anderer Wein, der nicht wie exotischer Fruchtsalat oder wie Tee aus neuem Eichenholz riecht, sondern einen interessanten, eigenständigen Charakter hat; hervorragend zu Meeresfrüchten!«

Natürlich sind nicht alle kommerziellen Verkostungsnotizen derart hohle Phrasen, aber denken Sie daran, dass sie in erster Linie die guten Seiten eines Weins betonen werden.

Das muss aber nicht grundsätzlich misstrauisch stimmen. Seriöse Weinhändler haben nur ganz wenige Nieten in ihrem Sortiment, und ihre Kunden wollen nun mal etwas Spannendes über die vielen hervorragenden Weine lesen, die am Lager sind. Weinhändler wie John Armit, Bibendum, Yapp Brothers oder die Wine Society haben sehr informative Preislisten, deren Lektüre echt Spaß macht; auch wenn Sie nichts kaufen wollen, werden Sie sich so daran freuen wie Kinder in einem Spielzeugladen.

Kommerzielles Interesse hin oder her – Verkostungsnotizen werden oft in einem kunstvollen, poetischen oder unterhaltsamen Stil geschrieben, was gelegentlich zu ungewöhnlicher Wortwahl oder ausgefallenen Vergleichen führt. Prägungen wie »eine Schubkarre voll Ugli-Früchten« (eine Kreuzung von Mandarine und Grapefruit, d. Ü.) von Jilly Goolden,

»riecht nach Hamsterkäfig« von Giles MacDonough, »erinnert an die Schenkel eines Sumoringers« (ich weiß nicht, wer hier der Autor ist) sind echte Klassiker geworden – und haben einige Weinliebhaber und Weinkritiker gegen diese Art der Beschreibung, oft als »Fruchtsalat- oder Kaugummi-Schule der Weinbeschreibung« bezeichnet, vehement protestieren lassen, mit dem Vorwurf, sie ziehe das Verkosten von Wein als Ganzes ins Lächerliche.

Jilly Goolden, die im Kreuzfeuer der Kritik steht, nimmt dazu in ihrem Buch *The Taste of Wine* (1994) Stellung:

»Sie müssen bloß ein paar Zeilen der Verkostungsnotizen in diesem Buch lesen, um festzustellen, dass ich eine in der Wolle gefärbte Anhängerin der ›Kaugummi-Schule‹ bin. Ich fühle mich stets betrogen, wenn der Geschmack eines Weins in einem Buch, das von diesem Thema handelt, ganz einfach nicht beschrieben wird (und das ist praktisch nie der Fall). Was soll, und ich zitiere, ›elegant und dichtgewoben, keck und etwas anmaßend, charmant und eindeutig von guter Abstammung‹? Das könnte ebenso gut eine Kurzbeschreibung der königlichen Familie sein […] herzlich wenig sagen all diese Adjektive und Umschreibungen über den Geschmack eines bestimmten Weins aus (es handelte sich zufälligerweise um einen Champagner). Meiner Ansicht nach ist der Geschmack der springende Punkt des Ganzen, und deswegen versuche ich ihn zu beschreiben, so gut ich kann, damit jede und jeder, der meine Notizen liest, sich vorstellen kann, wie der Wein schmeckt.«

Auch wenn ihre überspitzte Kritik ein bisschen verärgern kann, bin ich zu einem guten Teil Jilly Gooldens Ansicht. Ein paar Traditionalisten sind der Meinung, dass im Vokabular der Weinsprache nur Begriffe wie Finesse, Abstammung, Klasse, Balance oder Komplexität ihren Platz haben sollen. Nichts gegen diese Begriffe, ich denke aber, sie sollten vor allem für Zusammenfassungen nach einem deskriptiveren Vokabular verwendet werden. Ein Verkoster sollte wirklich versuchen, Geruch und Geschmack des konkreten Weins zu beschreiben, den er oder sie im Glas vor sich hat.

An Formulierungen wie den eingangs zitierten ist nichts auszusetzen, wenn sie dem Eigengebrauch des Verkosters dienen. Wir alle nehmen unsere Umgebung individuell unterschiedlich wahr und haben unsere persönlichen Vorlieben und Abneigungen, doch ich bin überzeugt: Wenn man nicht komisch sein oder absichtlich provozieren will, sind besonders originelle, fantasiereiche Beschreibungen für andere nur von geringem Nutzen.

Es ist in Ordnung, wenn Fernseh-Weingurus wie Jilly Goolden und Oz Clarke so sprechen; sie müssen ein Publikum unterhalten, verstehen aber auch viel von Wein und verdienen es, dass man sie ernst nimmt und ihnen ein dann und wann exzentrisches Gebaren verzeiht. Im Mund anderer klingen allzu blumige Metaphern dagegen eher flach.

Einige Verkoster lassen es nicht bei fantasiereichen Ausdrücken zur Beschreibung des Geruchs eines Weins bewenden, sondern stellen die ganze Verkostungsnotiz auf den Kopf, so wie Ronald Searle in seiner *Wundervollen Welt des Weins* oder James Thurber, der »doctor humoris causa« der Yale University, in sei-

nem wunderbaren Cartoon: »Es ist ja nur ein naiver kleiner Burgunder ohne nennenswerten Stammbaum, aber ich glaube, sein Dünkel wird Sie amüsieren.«

Ich bin der Ansicht, dass die Gerüche eines Weins so weit wie möglich durch Vergleiche mit bekannten Gerichten, Blumen oder anderen vertrauten Substanzen beschrieben werden sollten. Gegen gelegentliche Anleihen aus anderen Gebieten ist nichts zu sagen, solange sie sparsam eingesetzt werden.

Ich erinnere mich, wie ich anlässlich eines Besuchs in der Gegend von Chablis vor mehr als zehn Jahren dem Sommelier und Restaurateur Patrick Pages zuhörte. Er kommentierte vor großem Publikum ein Set von Chablis-Weinen und beschrieb mit großartiger Vorstellungskraft deren wundervolle Aromen. Einen bestimmten Duft verglich er beispielsweise mit jenen, die in der Küche seiner Großmutter herrschten, wenn sie Konfitüre einkochte. Seine Beschreibungen kamen immer in dieser poetischen Form daher: Nicht nur die Konfitüre, auch die Großmutter wurde gegenwärtig. Ein wenig übertrieben vielleicht, aber ein Genuss zum Zuhören – man bekam richtig Lust, diese Weine zu trinken.

Es kann kontraproduktiv sein, zur Beschreibung eines Weins zu viele Gerüche herbeizuziehen. Stellen Sie sich vor, ich lade Sie zum Abendessen ein und sage Ihnen, meine Frau Nina habe einen Seebarsch vom Grill in Olivenöl, dazu kurz gebratene Zucchini und Tomaten vorgesehen. Vielleicht freuen Sie sich auf dieses Essen, vielleicht nicht – auf jeden Fall können Sie sich ziemlich gut vorstellen, was Sie erwartet. Jetzt stellen Sie sich vor, ich würde Ihnen erklären, der Seebarsch werde mit Weißwein, Kokosmilch, Limettensaft, Ingwer, Koriander, Sellerie, frischen Pilzen und etwas Honig mariniert; das könnte ein leckeres Mahl werden, aber ich zweifle, dass Sie eine genaue Vorstellung davon hätten, welche Aromen Sie erwarten.

In dem Band *La Dégustation*, der 1999 vom *Journal International des Sciences de la Vigne et du Vin* herausgegeben wurde, gibt es einen Bericht über die Ergebnisse der Untersuchung einiger australischer Wissenschaftler, die die Fähigkeit von geübten Testpersonen und Experten (Parfümeuren) erforschten, einzelne Aromen in speziell zusammengesetzten Duftkompositionen zu identifizieren. Das Ergebnis zeigte, dass niemand von den Testpersonen mehr als vier Aromen identifizieren konnte. Das führte zu folgendem Kommentar über die Verkostungsnotizen, von denen wir Weinprofis andauernd umgeben sind: »Nicht genug damit, dass Verkoster ihre Leistung nicht verbessern können, die Leistungen, die im Allgemeinen in Verkostungskommentaren gezeigt werden, gehen weit über das hinaus, was Menschen zu leisten imstande sind!«

Die beiden Parfümeure David Apel und Clas Robert Wulff, die bei Fragrance Resources arbeiten, haben mir erklärt, dass sie ihre Nase regelmäßig trainieren, indem sie ein einzelnes spezifisches Aroma zu erkennen versuchen, das sie für die Komposition neuer oder zur Modifikation bestehender Parfüms verwenden. Sie betonten, dass Aromaerkennung sogar bei konstantem Training keine exakte Wissenschaft sei; beispielsweise sei es alles andere als einfach, die Zusammensetzung eines Parfüms der Konkurrenz herauszufinden, und Fehlschlüsse seien ziemlich häufig.

Wahrscheinlich werden Verkostungsnotizen von zwei Sorten Menschen gelesen. Auf der einen Seite sind da jene, die sich immer wieder darüber amüsieren können, dass Wein nach Äpfeln, Rosen, Schokolade, Tabak, Leder oder Petrol riechen soll; wird Wein denn nicht aus Trauben gemacht? Auf der anderen Seite gibt es jene, die von jedem Wein geradezu erwarten, dass er im Geruch einen deutlich erkennbaren Charakter habe, sei es Banane, Veilchen, Toffee, Ingwer oder Lanolin (Wollfett).

Die Wahrheit liegt ziemlich genau in der Mitte zwischen diesen Gesichtspunkten, weil die Geruchsmoleküle, die in vielen Weinen vorkommen, einer breiten Palette von Stoffen chemisch ähnlich sind. Manche Weine riechen wirklich nach etwas anderem (Sauvignon Blanc zum Beispiel deutlich nach Stachelbeeren), doch in vielen Fällen ist der Geruch, den man bei einem Wein feststellt, keineswegs eine exakte Kopie eines verwandten Produkts, sondern ähnelt ihm nur von Ferne. Schließlich gibt es unendlich viele Möglichkeiten der chemischen Geruchszusammensetzungen, und das bedeutet, dass die Beschreibung gelegentlich auf einer zum Teil bewussten, zum Teil imaginierten Erkenntnis basiert. Was Sie als Erdbeere identifizieren, mag der Nase ihres Nachbarn eher als Himbeere oder rote Johannisbeere vorkommen. Manchmal beschleichen einen bei der Lektüre von Verkostungsnotizen einzelner Mitglieder eines Degustationsteams ernsthafte Zweifel, ob sie auch alle wirklich denselben Wein verkostet haben. Doch dadurch sollten sich Außenstehende und Neulinge nicht abschrecken lassen. Während einer Degustation geben sich die Verkostenden alle Mühe, jedem Geruch, den sie feststellen, einen Namen zuzuordenen, aber wenn das unmöglich ist, werden sie den unidentifizierten Geruch mit jenem Etikett versehen, von dem sie denken, er komme der Sache noch am nächsten. Ironischerweise kann dieses Streben nach Genauigkeit die Weinbeschreibung für alle mit Ausnahme des Autors verwirrender werden lassen. Wir dürfen nicht vergessen, dass es keine große Rolle spielt, wie genau eine Verkostungsnotiz zutrifft; sie ist eine sehr persönliche Angelegenheit und wird deshalb von anderen ohnehin niemals ganz verstanden werden.

Ich für mein Teil halte mich bei der Beschreibung von Wein an zwei Gerüche, einen dominanten und

einen, den ich »Stützgeruch« nenne, und nur wenn ich besonders inspiriert bin, kann es sein, dass ich noch einen dritten nenne. Dominant kann ein Einzelgeruch wie Litschi, Honig oder schwarze Johannisbeere (Cassis) sein, oder weniger deutlich ausgeprägt ein Mischgeruch nach exotischen Früchten oder Blumen. Dasselbe gilt für den Stützgeruch, ich habe also die Wahl, beispielsweise zu sagen: »Passionsfrucht und Kräuter« oder »exotische Früchte und Vanille« oder »Gewürze und rote Beeren«. Zugegeben, es mag nicht besonders informativ sein, die Nase eines Weins mit zwei Geruchsgruppen zu beschreiben anstatt mit detaillierteren Angaben (zum Beispiel Erdbeere statt rote Beeren), aber wir wollen nicht vergessen, dass es Weine gibt, die einfach nicht besonders expressiv sind. Entscheidend ist, dass man sich selbst gegenüber ehrlich ist; bei manchen Weinen ist es einfach, exakt zu identifizieren, wonach sie riechen, bei anderen bekommt man nur einen unbestimmten Eindruck.

Die Geruchsbeschreibung ist ein wichtiger Aspekt der Verkostungsnotiz, aber beileibe nicht der einzige. Recht oft liefern Anhänger der »Fruchtsalat-Schule« des Weinverkostens zahlreiche Beschreibungen des Aromas, versäumen aber zu sagen, wie der Wein am Gaumen ist.

Als Sommelier habe ich große Erfahrung im direkten Umgang mit Kunden; ich beobachte, dass Essensgäste im Allgemeinen von einem Wein in erster Linie wissen wollen, ob er trocken ist oder nicht ganz trocken, knackig frisch oder weich, leicht oder voll – mit anderen Worten, wie er im Mund sein wird. Erst danach interessieren sie sich dafür, ob er nach Gewürzen schmeckt oder nach Eichenholz, nach Blüten riecht oder nach schwarzen Johannis-

beeren. Ich weiß zwar nicht aus direkter Erfahrung, wie sich das Gros der Käufer in einer Weinhandlung verhält, vermute aber, dass es dort ähnlich zugeht.

Mündliche Weinkommentare im Restaurant oder in der Weinhandlung fallen üblicherweise recht kurz aus; es ist daher wichtig, dass sie interessant und informativ zugleich sind. Eine Kurzbeschreibung wie »voll und samtig mit wundervollem Pflaumengeschmack« oder »frisch und knackig, strotzt von Stachelbeere und Passionfrucht«, vielleicht ergänzt und aufgelockert durch ein paar kurze Angaben im Plauderton zum Weingut oder zu den Leuten, die den Wein machen, etwa »der Weinberg wird ökologisch bewirtschaftet« oder »der Kellermeister hält nicht viel von neuem Eichenholz« – das genügt meistens, es sei denn, der Gast ist ein echter Aficionado und will mehr wissen. Leider wird ein Wein allzu oft mit nicht

viel mehr als einem bedeutungsleeren »sehr schön« bedacht. Wir haben uns alle schon solcher Banalitäten schuldig gemacht, ich selbst eingeschlossen. Schließlich kann man, wenn man mit einer großen Zahl von Weinen zu tun hat, gelegentlich von einem Wein, den man schon lange nicht mehr probiert hat, sozusagen kalt erwischt werden. Es lohnt sich aber, dem vorzubeugen. Wenn Sie wirklich nicht viel zu einem Wein sagen können, ist es besser offen zuzugeben, dass Sie nicht sicher sind, wie der Wein zum jetzigen Zeitpunkt schmeckt.

In manchen Restaurants findet man in der Weinkarte auch Verkostungsnotizen. Sie sind entweder kurz und bündig und stehen als Titel über einer Rubrik, etwa »Fest und voll«, und dann kann eine Liste junger Cabernets und Baroli folgen, oder es handelt sich um individuelle Verkostungsnotizen zu jedem einzelnen aufgeführten Wein. Sorgfältig ausgeführt, können beide Lösungen sehr erfolgreich sein. Die Weinkarte des Restaurants Old Bridge in Huntingdon bei Cambridge, von dem Besitzer, Master of Wine John Hoskins, persönlich zusammengestellt, kombiniert die beiden Prinzipien geschickt und ist gut dotiert, witzig und informativ. Dasselbe gilt für die von Graeme Jameson zusammengestellte Weinkarte des Wykeham Arms in Winchester, nur gibt es darin keine beschreibenden Rubriktitel.

Die Vorzüge von Weinkarten mit Verkostungsnotizen liegen darin, dass die Gäste sich rasch über den Geschmack von Weinen informieren können und länger Zeit haben, um ihre Entscheidung zu treffen; gesetzt den Fall, dass sie ein wenig schüchtern sind, riskieren sie nicht, von einem hochnäsigen Sommelier (ich schwöre Ihnen, wir sind nicht alle so!) höhnisch belächelt zu werden. Doch die Qualität der Verkostungsnotizen ist nicht immer sehr hoch. Und wenn jeder Wein mit einer Notiz versehen wird, können sich auf einer großen Weinkarte die Beschreibungen mehr oder weniger wiederholen und das Studieren der Karte langwierig und mühsam werden lassen. Zudem zweifle ich bei sehr umfangreichen Weinkarten, ob alle Weine regelmäßig probiert werden und wirklich alle Verkostungsnotizen aktuell sind und zutreffen oder ob es sich um fantasievolles Gefasel handelt, das sich hinter einem technischen Jargon versteckt. Mein Rat für Gastronomen, die wollen, dass ihre große Weinkarte Verkostungsnotizen enthält: Fügen Sie nur einem Teil der Weine Beschreibungen hinzu, aber wechseln Sie die Weine, die in der Karte kommentiert werden, regelmäßig. Die Karte kann zum Beispiel mit zwei, drei Seiten

anfangen, auf denen eine Auswahl von Weinen verschiedener Stilrichtungen und Preisklassen ausführlich vorgestellt wird, der Rest der Karte enthält dafür keine Verkostungsnotizen.

Ein Degustator, den ich sehr bewundere und der meiner Ansicht nach in seinem Newsletter *International Wine Cellar* die richtige Mischung von Beschreibung und Verkostungsnotizen gefunden hat, ist der Amerikaner Stephen Tanzer, mit dem mich mein Freund Richard Lashbrook, Master of Wine, bekannt gemacht hat. Wenn man Tanzers Kommentare liest und seine Weinbewertungen anschaut, wird klar, dass er einen sehr guten Gaumen hat und dazu ein exzellenter Vermittler ist. Es gelingt ihm, seinen Leserinnen und Lesern einen realen Eindruck der Weine zu vermitteln: wie sie riechen, wie sie schmecken, wie sie gebaut sind – und das alles, ohne zu ausgefallenen Wörtern greifen zu müssen.

Das amerikanische Weinmagazin *Wine X* hat sich auf eine vollkommen unkonventionelle Weinsprache spezialisiert. Warum auch nicht? Vorausgesetzt, es wird mit Augenmaß und einer Portion Humor gemacht, ist das lustiger, als dem Unsinn zuzuhören, den eine Hand voll Weinsnobs von sich gibt. Hier ein paar typische Beispiele:

Brutocao Chardonnay 1997, Bliss Vineyard, Mendocino, Kalifornien: »*Wie der Film* A Clockwork Orange: *stilvoll, röstfrisch – eine total verrückte Nuss.*«

Guenoc Zinfandel 1997, Kalifornien: »*Wie Sharon Stone in Stiefeln von Tony Lama – süße Gewürznoten, Leder und gut gebaut.*«

Wenn von unkonventioneller Weinsprache die Rede ist: Ich muss gestehen, dass ich auch schon ganz konventionelle Weinausdrücke zur Beschreibung von anderem benützt habe. Als mein Partner Robin Hutson und ich das Hotel du Vin in Winchester eröffneten, schufteten wir rund um die Uhr und waren Kellner, Chef de Service und Sommelier in einer Person, zugleich aber auch Portier, Concierge und Nachtportier, und es kam auch vor, dass wir in der Küche aushelfen mussten. (Heute werden Sie Robin eher beim Rauchen der besten kubanischen Zigarren antreffen und mich bei einem Glas »Supertoskaner«!) In den wenigen ruhigen Augenblicken schielten wir wie zwei Schulbuben, die Unfug im Sinn haben, verstohlen auf die weiblichen Restaurantgäste und kommentierten deren Figur in Weinbegriffen. »Hast du gesehen, Tisch acht? Ein guter Merlot, reif und weich.« – »Was sagst du zu der Brünetten in der linken Ecke – eher wie ein Chablis, schlank und knackig?« – »O ja, und ein Grand Cru dazu.« Eingefleischte Feministinnen mag es trösten, dass der Spieß auch gegen mich gedreht wurde. An meiner Hochzeit verglich mich mein Brautführer Robin in seiner Ansprache mit einer leicht überreifen Flasche eines Cru Bourgeois von wahrscheinlich guter Qualität. Ich und Cru Bourgeois? Ich dachte stets, ich sei ein Premier Cru!

Kurznotizen

Bei großen Degustationen, die von Weinhändlern organisiert werden, oder auf Weinmessen haben Verkoster die Gelegenheit, eine sehr große Zahl von Weinen am selben Tag zu probieren. Solche Anlässe sind wie geschaffen, um interessante Weine zu entdecken oder ähnliche miteinander zu vergleichen. Durch den Lärm, der einen dabei umgibt, und die

oft etwas hektische Atmosphäre, die Ablenkung durch Freunde und Kollegen, die man trifft, sowie den Umstand, dass man üblicherweise dasselbe Glas wieder und wieder benützt und im Stehen degustiert, sind die Verkostungsbedingungen nicht ideal, um sich zu konzentrieren oder Weine mit letzter Präzision zu bewerten. Ich finde es einfacher, ein Kurzprofil der wichtigsten Aspekte jedes Weins zu entwerfen, als eine lange, gründliche Beschreibung zu geben (wie in Kapitel 3, Seite 54–79 gezeigt). Man kann es auch bald satt haben, stehend und mit einem Glas in der einen Hand Hunderte von Notizen zu machen.

Für große Degustationen dieser Art habe ich zwei Systeme für das Aufzeichnen von Verkostungsnotizen entwickelt. Das eine benützt einen Code, der ein vernünftiges Bild des Weins ergibt und auf ein paar Fragen eingeht, das andere nenne ich die »Minimalbeschreibung in fünf Wörtern«. Sie ist weniger ausführlich und genau als das Code-System, dafür lustiger in der Anwendung. Natürlich ist keines der beiden Systeme endgültig, beide lassen sich den Zielen verschiedener Verkoster einfach anpassen; ein System, das man einmal gewählt hat, sollte man aber konsequent beibehalten, damit man darin heimisch wird.

Bei großen Degustationsanlässen sind den Verkostenden die Identität der Weine (Rebsorten, geographische Herkunft, Jahrgang, Erzeuger) sowie die Preise bekannt. Es geht deshalb in erster Linie darum zu entscheiden, inwiefern ein Wein gewissen bekannten und vorgegebenen Standards enstpricht, sie übertrifft oder nicht erfüllt. Bei einem ungewöhnlichen oder fremdartigen Weinstil werden die Verkoster ihre eigenen Standards anhand der verkosteten Weine ad hoc aufstellen.

Code für Notizen

Mit diesem System werden zwölf Aspekte jedes einzelnen Weins untersucht, jeweils in derselben Reihenfolge. Die Auswahl bei den einzelnen Aspekten ist bewusst eng gehalten. Ich denke, dass es unter erschwerten Bedingungen weniger verwirrend ist, sich auf einige wenige Möglichkeiten zu konzentrieren, und dass dieses Verfahren es den Verkostern erlaubt, während der ganzen Degustation jeden Wein mit gleich bleibender Aufmerksamkeit zu beurteilen.

Die Kürzel zu den einzelnen Stichworten sind als Vorschläge zu verstehen; Sie können sie selbstverständlich durch eigene, die für Sie plausibler sind, ersetzen. Achten Sie dabei aber nach Möglichkeit darauf, dass sie sich untereinander von Rubrik zu Rubrik nicht wiederholen und dass es innerhalb einer Rubrik keine sinnentstellenden Wiederholungen von Kürzeln gibt.

1 Optische Erscheinung

Einfache Beurteilung durch das Auge, die meisten Weine sollten die Bewertung »normal« erhalten.

No = Normal

Ti = Tief für sehr tiefe Farbe

Bl = Blass für sehr helle Farbe

Un = Ungewöhnlich, zu alt (gemessen am Jahrgang) oder seltsam (etwa ein Rosastich bei Weißwein)

Die Rubriken 2 bis 4 geben einen raschen Eindruck der Nase; bewertet werden die Intensität, zwei deutlich wahrnehmbare Gerüche sowie deren Ursache und Qualität.

2 Intensität

Gu = Gut

Kr = Kräftig

Vh = Verhalten

Sch = Schwach

Dv = Dicht verschlossen

3 Geruch

Dominierend = der stärkste Geruch, ein Einzelgeruch oder eine komplexe Zusammensetzung

Unterstützend = der zweitstärkste Geruch, ebenfalls ein Einzelgeruch oder eine Zusammensetzung

4 Ursache und Qualität

Das Symbol kann durch ein erklärendes Stichwort ergänzt werden, vor allem im Fall von Vi (Vinifikation), zum Beispiel durch: Kaltvergärung, Kohlensäuremaischung, Flor. Minus- und Pluszeichen dienen natürlich als Kürzel zur Qualitätsbewertung.

So = Sortentypische Nase (So−, So, So+)

Vi = Vinifikation (Vi−, Vi, Vi+)

Geb = Gebietstypisch (Geb−, Geb. Geb+)

Red = Reduktiver Ausbau (Red−, Red, Red+)

Ox = Oxidativer Ausbau (Ox−, Ox, Ox+)

In den Rubriken 5 bis 7 geht es darum, den Körper eines Weins zu beurteilen, seine Struktur. Die Qualität der Struktur eines Weins hängt mit dessen Textur zusammen, und beide geben einen Eindruck von der Balance des Weins. Deswegen beurteile ich die Struktur und füge wie schon bei »Ursache und

Qualität« einfach im Bedarfsfall als sehr einfache Zusatzbewertung der Balance ein Plus- oder Minuszeichen hinzu.

Ökonomie der eingesetzten Mittel ist das oberste Ziel meines Codesystems, deshalb werden die Gaumenaromen, die ich persönlich als Geschmack bezeichne, in diesem System nicht eigens beurteilt. In den meisten Fällen sind sie den Gerüchen, die man in der Nase wahrnimmt, ziemlich ähnlich.

5 Körper

Dü = Dünn

Le = Leicht

MG = Mittleres Gewicht

VK = Voller Körper

Sr = Schwer

6 Struktur, Textur, Balance

Ra = Rau

Kr = Kräftig (Kr−, Kr, Kr+)

Di = Dicht (Di−, Di, Di+)

Sa = Saftig (Sa−, Sa, Sa+)

Gs = Geschmeidig (Gs−, Gs, Gs+)

Rd = Rund (Rd−, Rd, Rd+)

Fl = Flach

7 Länge

LS = Lang und schön

Or = Ordentlich

Be = Bescheiden

Ua = Unangenehm

Bei den Rubriken 8 bis 12 geht es für die Verkoster darum zu entscheiden, ob die Weine repräsentativ sind für eine Rebsorte und/oder ein Anbaugebiet; ob sie sich lagern lassen, sofort getrunken werden sollten oder ihren Höhepunkt bereits überschritten haben; ob die Weine echte Schnäppchen sind, einen guten Gegenwert fürs Geld darstellen oder nicht; ob und wie sehr die Verkoster die Weine persönlich mögen; und zum Schluss die objektive Beurteilung der Qualität der einzelnen Weine im Ganzen.

8 Typizität

Manche Weine lassen den Charakter der Traubensorte oder des Anbaugebiets so deutlich erkennen, dass man sie als deren typische Vertreter bezeichnen kann. Auf Weine aus wenig bekannten Rebsorten oder neuen Anbaugebieten lässt sich Typizität als Kriterium allerdings nicht anwenden, deshalb das Kürzel TU für »Typizität unbestimmbar«.

AT = Archetypisch, Inbegriff der Sorte oder Region

TV = Typizität vorhanden

NT = nicht typisch

TU = Typizität unbestimmbar

9 Potenzial

He = Heute trinken

HM = Heute und morgen trinken

Mo = Morgen trinken

BG = Besser gestern getrunken

10 Gegenwert fürs Geld

Ich gebe teuren, aber nicht überteuerten Weinen von hoher Qualität und hohem Ansehen gern die Bewertung »irrelelvant«. Ihr Preis wird durch die Nachfrage bestimmt, und deshalb sehe ich keinen Sinn darin, hier von einem Gegenwert fürs Geld zu sprechen. Wäre ein Bild von Bacon, Monet oder Picasso seinen Marktpreis wert, wenn man ausschließlich die Qualität des Gemäldes beurteilte?

S! = Schnäppchen

GG = Guter Gegenwert

ZT = Zu teuer

I = Irrelevant

11 Subjektive Einschätzung

Es ist wichtig, diesen Gesichtspunkt vom nächstfolgenden zu unterscheiden. So, wie man eine einfache Melodie mögen kann, in vollem Bewusstsein, dass es sich nicht um großartige Musik handelt, so kann man auch einen einfachen Wein mögen.

Li = Liebe ihn

Ma = Mag ihn

Ge = Geht so

Ni = Nichts für mich

12 Objektive Bewertung

EQ = Echt gute Qualität

GQ = Gute Qualität

AQ = Alltagsqualität

LQ = Langweilig

OQ = Ordinär

Schlussbewertung

Bei der Beschreibung meines Systems in Kapitel 5 erklärte ich, dass ich für die Gesamtbewertung eines Weins keine Punkte vergebe. Wenn man einen Wein benotet, sollte nur eines im Zentrum stehen – seine absolute Qualität, die durch die Addition der Noten der Einzelwertungen (Auge, Nase, Gaumen: Struktur, Geschmack, Balance, Länge) ermittelt wird. Wenn man einen Wein aber beschreibt (s. Kapitel 3 und 6), beschäftigt man sich darüber hinaus zusätzlich mit anderen Faktoren (zum Beispiel seinem Stil, seinem Gegenwert fürs Geld). Deswegen braucht man hier eine Schlussrubrik, um alle Aspekte eines Weins zusammenzufassen.

1 *Optische Erscheinung*	No, Ti, Bl, Un
2 *Intensität*	Gu, Kr, Sch, Dv
3 *Geruch*	Dominierender Geruch + unterstützender Geruch
4 *Ursache und Qualität*	So (–, =, +), Vi (–, =, +), Geb (–, =, +), Red (–, =, +), Ox (–, =, +)
5 *Körper*	Dü, Le, MG, VK, Sr
6 *Struktur, Textur, Balance*	Ra, Kr (–, =, +), Di (–, =, +), Sa (–, =, +), Gs (–, =, +), Rd (–, =, +), Fl

7 *Länge*		LS, Or, Be, Ua
8 *Typizität*		AT, TV, NT, TU
9 *Potenzial*		He, HM, Mo, BG
10 *Gegenwert fürs Geld*		S!, GG, ZT, I
11 *Subjektive Einschätzung*		Li, Ma, Ge, Ni
12 *Objektive Bewertung*		EQ, GQ, AQ, LQ, OQ

Beispiele

Ein Chardonnay erhielt die folgende Beurteilung:
No, Kr, exotische Früchte + Vanille, Vi, MG, Sa, Or,
AT, He, GG, Ma, GQ
Ein Pinot Noir erhielt die folgende Beurteilung:
No, Bl, Sauerkirsche + Wild, Geb+, MG, Gs+, LS,
AT, HM, I, Li, EQ

Minimalbeschreibung in fünf Wörtern

Das Prinzip, das hinter dieser Methode steckt, besteht darin, sich voll und ganz darauf zu konzentrieren, nur die nützlichsten Informationen zu den einzelnen Aspekten eines Weins zu notieren. Die Kriterien mögen nicht für jeden Verkoster ganz genau dieselben sein, allzu unterschiedlich dürfen sie jedoch auch nicht ausfallen. Ich glaube, dass fünf Stichworte für die Minimalbeschreibung im Allgemeinen ausreichen, gelegentlich können vielleicht auch sechs, sieben oder noch mehr nötig werden – wir wollen da nicht zu streng sein.

Ich schenke mir die Beschreibung des optischen Eindrucks (sie kann als sechstes oder siebentes Wort hinzukommen, wenn das Auge wirklich etwas Spezielles feststellt) und beschäftige mich direkt mit dem Stil der Nase (erstes Wort) und dem Charakter der Nase (zweites Wort), dann mit dem Gewicht (drittes Wort) und dem Gefühl (viertes Wort) am Gaumen, es folgt die allgemeine Schlussbeurteilung (fünftes Wort).

Das Vokabular ist dem anderer Weinverkostungssysteme ähnlich, es wird durch ein paar farbigere Ausdrücke ergänzt. Bei dieser Methode geht es eher darum, eine Weinkarikatur zu erhalten. Weil der Schwerpunkt auf einer äußerst beschränkten Anzahl von Aspekten basiert, resultiert unvermeidlicherweise ein leicht verzerrtes Bild des Weins. Wenn sie seriös angewendet wird, sollte diese Methode Geschmack und Qualität eines Weins aber dennoch reflektieren. Schließlich sehen Karikaturen berühmter Leute diesen manchmal weit ähnlicher als ein Foto.

Vokabular

1 *Stil* (Nase, wenn nicht fehlerhaft)
Extravertiert: künstlich, synthetisch, gemacht, offen, ausgeprägt, üppig, fruchtbetont, parfümiert, reintönig.
Zurückhaltend: mild, schlicht, einfach, verhalten, duftig, komplex.

2 *Charakter* (Nase)
Halten Sie den dominanten Geruch fest, ob es nun ein Einzelgeruch (z. B. Ananas) oder eine Zusammensetzung (z. B. frische Blumen) sei. Natürlich steht es Ihnen frei, hier auch zwei Wörter zu verwenden (z. B. Ananas, Vanille).

3 *Gewicht* (Gaumen)
Wässrig, dünn, schlank, leicht, mittelgewichtig, körperreich, wuchtig («blockbuster»), massiv, schwer.

4 *Gaumengefühl*
Negativ: rau, unreif (grün), scharf, spitz, hart, harsch, zum Kauen, streng, weitmaschig, flach, schlaff, sirupartig, klebrig.
Positiv: Solid, fest, voluminös, kompakt, stahlig, robust, fleischig, dichtgewoben, knackig, saftig, frisch, lebhaft, geschmeidig, fein, delikat, cremig, seidig, weich, rund, fett, reich, samtig, üppig, opulent.

5 *Allgemeine Schlussbeurteilung*
Vergessen Sie nicht, hier auch die Länge des Weins mitzuberücksichtigen. Von negativen zu positiven Ausdrücken: fehlerhaft, fast untrinkbar, knapp trinkbar, einfacher Zechwein, süffiger Alltagstropfen, guter kommerzieller Stil, angenehm, schön, prächtig, wundervoll, sensationell. Diese Reihe kann ergänzt werden durch folgenden Kommentar: enttäuschend, überraschend, wie erwartet.

Neulich habe ich zum Beispiel einen enttäuschenden Pinot Noir wie folgt beschrieben: ausgeprägt, vegetabil, mittelgewichtig, zum Kauen, knapp trinkbar. Die fünf Wörter, die ich zur Beschreibung eines hervorragenden Marsanne wählte, waren: duftig, Anis, körperreich, üppig, prächtig.

Welche Wörter sie auch wählen, vergewissern Sie sich, dass Sie damit die wichtigsten Aspekte abdecken (zumindest Geruch, Gaumengefühl und allgemeine Schlussbewertung), dass die Begriffe, die Sie wählen, aussagekräftig sind und dass Sie sich nicht widersprechen: knackig und rund? hart und geschmeidig? komplex, seidig und ein Zechwein? gemacht, dünn und prächtig? Die letzten beiden Beispiele sind ziemlich extrem, Verkostungsnotizen mit ähnlich krassen Widersprüchen sind aber durchaus keine Seltenheit!

Schließlich müssen Sie jede Verkostungsnotiz datieren, ob es sich nun um eine ausführliche Beschreibung, ein paar Worte oder einen Code handelt. Wenn man eine Verkostungsnotiz über einen fünfzehnjährigen Wein liest, ist es entscheidend zu wissen, ob sie geschrieben wurde, als der Wein ein Jahr oder fünf, zehn, ja fünfzehn Jahre alt war.

Kapitel 7

Blindproben

Die Blindprobe ist beim Weinverkosten so etwas wie der dreifache Axel im Eiskunstlauf: höchster Nervenkitzel. Sie ist zwar nur eine von mehreren Arten der Degustation, aber zweifelsohne die faszinierendste. Die Weine, die zur Probe anstehen, sind nicht identifiziert; die Verkoster müssen versuchen, die Rebsorte(n), die Herkunft und den Jahrgang jedes Weins zu bestimmen.

Man unterscheidet so genannte »einfache Blindproben«, die der Beurteilung der Qualität von Weinen bekannter Herkunft oder Rebsorte dienen (wobei den Verkostenden der Names des Erzeugers nicht verraten wird), und so genannte »Doppelblindproben«, bei denen es darum geht, vollständig unbekannte Weine zu identifizieren. Ziel der einfachen Blindproben ist eine unbeeinflusste Bewertung der Weine, wie sie bei Weinprämierungen und an Weinmessen vorgenommen werden; bei der Doppelblindprobe ist es dagegen die Kompetenz der Verkoster, die auf dem Prüfstand steht – beispielsweise bei den Examen zum Master of Wine oder bei Sommelierwettbewerben.

Für die meisten bedeutet der Begriff »Blindprobe« nur eines: reines Ratespiel! Es herrscht totale Informationssperre. Der Wein kann reinsortig aus einer Traube gekeltert worden oder ein Verschnitt aus mehreren Sorten sein; und er kann irgendwo auf der ganzen Welt gemacht worden sein. An Ihnen ist es, das herauszufinden. Was gäbe es Spannenderes, als erwachsene Leute dabei zu beobachten, wie sie sich über einem Glas Wein den Kopf zerbrechen? Aber Vorsicht: Dieses Spiel kann sich auf Ihr Selbstwertgefühl verheerend auswirken! Vielleicht unterziehen sich Weinprofis diesen masochistischen Prozeduren nur als eine Art Wiedergutmachung und Danke-

schön für all die fabelhaften Flaschen, die wir oftmals probieren dürfen.

Blindprobe – zwei Methoden

Es gibt zwei unterschiedliche Arten, sein Glück zu versuchen. Beide können je nach Gelegenheit spektakuläre Ergebnisse zeitigen.

Die erste besteht schlicht und einfach darin, den Wein, den Sie vor sich haben, zu erkennen. Wie Archimedes in der Badewanne hatten Sie eine Erleuchtung. Heureka! So eine Inspiration beruht auf Ihren Erinnerungen an Weine, die Sie früher bereits einmal verkostet haben. Ein gutes Gedächtnis ist bei diesem Vorgehen natürlich unerlässlich. Wenn Sie aber mit einem Wein oder Weinstil konfrontiert werden, der Ihnen völlig neu ist, wird Ihnen Ihr Erinnerungsvermögen allein nicht viel nützen. Außerdem ist es keineswegs sicher, dass Sie einen Wein, den Sie schon einmal probiert haben, auch wiedererkennen, es sei denn, Sie haben ihn erst vor ganz kurzer Zeit getrunken, verkosten ihn regelmäßig oder es handelt sich um einen seltenen und wahrhaft außergewöhnlichen, ja denkwürdigen Wein, der sich Ihrem Gedächtnis eingeprägt hat.

Wenn Sie bei der Blindverkostung diese Methode wählen, müssen Sie sich aber vor Augen halten, dass Sie nicht immer Herr der Lage sind. Es gibt nichts Ärgerlicheres als die Vorstellung, Sie kennen den Wein, sein Name liegt Ihnen auf der Zunge, aber Sie können ihn einfach nicht finden! Man fühlt sich völlig hilflos. Und wenn Sie mit dieser Methode überhaupt so weit gekommen sind, waren Sie nicht einmal so schlecht. Noch öfter werden Sie überhaupt keinen Ansatzpunkt finden.

Als Methode ist die simple Wiedererkennung zu passiv. Es kann sein, dass sie gelegentlich zum Erfolg führt, und wenn ich ein Set unbekannter Weine vor mir habe, halte ich wie die meisten Degustatoren als Erstes rasch meine Nase in jedes Glas, in der Hoffnung, einen einfach zu identifizierenden Wein zu finden, zum Beispiel einen Sauvignon Blanc von Marlborough oder einen traditionellen Rotwein aus der Rioja. Wenn mir aber nicht ad hoc eine Eingebung kommt, bleibe ich nicht bei diesem System, sondern gehe zum zweiten über. Und auch wenn ich glaube, eine Antwort gefunden zu haben, wende ich die zweite Methode zur Kontrolle an.

Für diese zweite Vorgehensweise verwandeln Sie sich in Sherlock Holmes oder Hercule Poirot. Wie diese berühmten Detektive führen Sie eine Untersuchung durch, aber es geht Ihnen nicht darum, einen Täter zu finden, sondern die Identität eines Weins zu enthüllen.

Die Prinzipien sind vergleichbar und sehr einfach: Als Erstes sammeln Sie so viele Informationen wie nur möglich, dann analysieren Sie sie mit Ihrem Verstand. Wirklich ein Kinderspiel! Nur kommt leider die Trefferquote nie an jene unserer beiden Meisterdetektive heran.

Im Gegensatz zur ersten Methode, bei der Sie sich allein auf Ihr Gedächtnis verlassen, müssen Sie hier besonders gründlich beobachten und für alle Überlegungen offen sein. Das kann harte, zähe Arbeit bedeuten.

Sie müssen genau wissen, wonach Sie in einem Wein suchen müssen, um eine Chance zu haben.

Weil Sie nach dem Aussschlussverfahren vorgehen werden, müssen Sie die Hauptrebsorten kennen, eine Vorstellung von den klimatischen Bedingungen der wichtigsten Weinbaugebiete haben, mit Weinbau und Kellertechnik etwas vertraut sein und schon eine breite Palette verschiedener Weine verkostet haben.

Es wird nicht allzu lange dauern, bis Sie sich einen soliden Weinverstand erworben haben. Konzentrieren Sie sich am Anfang auf edle Rebsorten und klassische Anbaugebiete (der Alten und der Neuen Welt). Achten Sie beim Verkosten vor allem auf die Hauptmerkmale jedes Weins und versuchen Sie zu erkennen, wodurch sich die verschiedenen Stile voneinander unterscheiden. Wenn Sie einen kompetenten Degustator kennen, bitten Sie ihn um etwas Anleitung und lesen Sie Bücher und Artikel über Wein, um Ihr Verständnis zu vertiefen.

Ihr Erfolg bei Blindproben hängt von Ihrer Beobachtungsgabe und von der richtigen Auswertung Ihrer Beobachtungen ab. Ziel ist es, dass die wertvollen Informationen, die Sie zusammengetragen haben, Ihnen nach dem Verkosten zunächst einmal erlauben, bestimmte Vermutungen auszuschließen, um das Feld einzugrenzen und Ihnen schließlich eine endgültige Aussage zu ernmöglichen. Sie sammeln zwei Arten von Daten: die einen sagen etwas darüber aus, was ein Wein wahrscheinlich *nicht* ist, die anderen darüber, was er sein könnte. Der Schlüssel zum Erfolg liegt darin, dass diese Daten sich nicht widersprechen und dass sie Ihnen genügend Informationen für eine Schlussfolgerung liefern.

Für die Umsetzung in die Praxis müssen die folgenden Fragen methodisch und gründlich beantwortet werden:

A) Was verrät uns die Optik dieses Weins?

B) Was verrät uns die Nase dieses Weins?

C) Was sagt uns der Wein am Gaumen?

Versuchen Sie bei jeder dieser Fragen Ihre Beobachtungen mit den wichtigsten Faktoren, welche die Identität eines Weins ausmachen, in Verbindung zu bringen, das heißt Rebsorte(n), Herkunft, Alter und Reife, Vinifikationsmethoden und Qualitätsstufe. Ihre Beobachtungen können Ihnen aber nur Puzzlesteinchen zur endgültigen Antwort liefern. So wird Ihnen die optische Erscheinung eines Weins kaum die Rebsorte verraten, aber sie kann Ihnen einen Hinweis auf Alter und Reife des Weins geben. Es ist die Summe Ihrer Beobachtungen, die Sie zur Lösung führen wird.

Weißwein-Blindprobe

Wir wollen diese Theorie in die Praxis umsetzen. Hier die Verkostungsnotizen eines Weißweins:

> Glanzhell und klar, blasses Grüngelb, wenig kleine Bläschen am Rand, recht flüssig.
>
> Saubere Nase, schwache Intensität, nicht aromatisch, ganz leicht fruchtig und ein Hauch von Sorbet, kein neues Eichenholz feststellbar.
>
> Trocken, mittlere Alkoholgradation, mäßige Säure, leichter Körper, weitmaschig, aber nicht schlaff, könnte etwas frischer und knackiger sein, im Geschmack einfach, wenig Definition, ausgewogen, sauberes, aber bescheidenes Finale.
>
> Alles in allem nicht ungefällig, lässt aber jede Art von Charakter vermissen; ein Zechwein, der mit dem Alter nicht besser wird.

Was verraten uns diese Notizen?

Optische Erscheinung: Die blasse Farbe weist darauf hin, dass dieser Wein nicht aus einem sehr warmen Anbaugebiet stammt, und schließt den Ausbau in neuem Eichenholz mit größter Wahrscheinlichkeit aus. Die grüngelbe Farbe und in geringerem Ausmaß auch die sichtbare Kohlensäure deuten auf einen jungen Wein hin. Er sieht flüssig aus und nicht viskos, das lässt weder einen hohen Alkohol- noch einen hohen Restzuckergehalt erwarten.

Nase: Die schwache Intensität schließt alle aromatischen Rebsorten aus. Saubere Nase und leichte Fruchtaromen weisen auf technisch kompetente Vinifikation hin und verstärken den Eindruck von Jugendlichkeit. Die Sorbetnoten lassen an einen kalt vergorenen Wein denken. Das Fehlen jeder Art von Röst- und Vanillenoten macht den Ausbau in neuem Eichenholz geradezu undenkbar. Der einfache, bescheidene Charakter ist recht typisch für einen Wein, der in großen Mengen erzeugt wird.

Gaumen: Hier gibt es keine offenkundigen Eigenschaften zu verzeichnen, etwa einen kleinen spürbaren Restzuckergehalt, eine hohe natürliche Säure oder eine besonders reiche Textur, die uns dabei helfen würde, einen besonderen Weinstil wiederzuerkennen oder die Rebsorte bestimmen ließe. Bei der geringen Säure ist es unwahrscheinlich, dass der Wein aus einem kühlen Klima stammt, doch der leichte Körper schließt warme Klimazonen ebenso aus. Die Verbindung von weitmaschiger Struktur, schwacher Geschmackskonzentration und bescheidenem Nachgeschmack deutet auf einen Wein aus durchschnittlichem Traubengut von einem Weinberg mit wahrscheinlich hohen Erträgen hin.

Sie könnten jetzt die folgenden Schlüsse ziehen:

Rebsorte: Die bescheidene Nase und das Fehlen von ausgeprägtem Geschmack am Gaumen verraten uns lediglich, dass der Wein nicht aus einer der edlen Rebsorten gekeltert worden ist, und machen es schwierig, eine bestimmte Sorte zu identifizieren. Um die Sorte(n) herauszufinden, wären Informationen nötig, die nicht direkt mit dem Geschmack zu tun haben.

Herkunft: Die klimatischen Bedingungen (weder kühl noch sehr warm) lassen eher auf Europa schließen als auf viele Gebiete der Neuen Welt, doch weil kein regionaler Charakter feststellbar ist, bleibt das Feld der Möglichkeiten sehr weit – um die Herkunft genau festzustellen, müssten wir Informationen aus anderen Bereichen berücksichtigen.

Produktion: Die Verbindung von optischer Klarheit und einfachem, aber eher dünnem Geschmack ist oft ein Hinweis auf einen Alltagswein (hohe Erträge), der im Keller beispielsweise Kältestabilisierung und scharfe Filtration über sich ergehen lassen musste. Die einzigen aussagekräftigen, nützlichen Hinweise: Der Wein wurde kalt vergoren (Sorbetgeruch) und nicht in neuer Eiche ausgebaut.

Alter und Reife: Der optische Eindruck von Jugend wird unterstützt durch die leichte, aber deutlich feststellbare Fruchtnote in der Nase. Aufgrund seiner durchschnittlichen Eigenschaften sollte dieser Wein nicht gelagert werden, sondern in den nächsten Wochen (oder sogar Tagen!) getrunken werden.

Stil und Qualität: Mit seinem nicht sehr interessanten Stil (einfacher Geschmack, schwache Struktur, bescheidene Länge) gehört dieser Wein sicherlich zur Masse einfacher, kommerzieller Alltagsweine im Stil altmodischer europäischer Markenweine oder großer Appellationen. Weil er aber völlig trocken ist, kommt eher eine große Appellation in Betracht, denn herkömmliche Markenweine haben oft etwas Restzucker, um einen etwaigen Hauch von Bitterkeit zu überdecken.

Schlussfolgerung: Wenn man all diese Beobachtungen zusammennimmt, scheint ein italienischer Weißwein, etwa ein ein- oder zweijähriger einfacher Soave, (ein einwandfreier, neutraler, leichter Weißer) nicht unwahrscheinlich. Ein Spitzensoave von Anselmi, Inama oder Pieropan wäre hingegen ein ganz anderes Erlebnis, ein echter Genuss!

Die zitierte Verkostungsnotiz hätte auf zahlreiche andere Weißweine ebenso zutreffen können; Sie hätten also ebenso gut und mit ebenso viel Recht auf einen anderen einfachen, neutralen Weinstil tippen können, zum Beispiel auf einen Durchschnitts-Fendant aus dem Wallis in der Schweiz oder einen preisgünstigen südafrikanischen Chenin Blanc.

Rotwein-Blindprobe

Wir wollen die Übung mit einem Rotwein wiederholen, der die folgende Verkostungsnotiz hat:

Undurchsichtig (opak), klar, volles Rubinrot mit einem schmalen Purpur-Rosa-Schimmer am Rand, keine Kohlensäurebläschen sichtbar, ziemlich viskos mit schweren »Kirchenfenstern«. Saubere, kräftige Nase, sehr reife schwarze Johannisbeeren und Kirschen, konfitürenartig, aber elegant gestützt durch Fleisch- und Tabaknoten, subtiles, sehr gut integriertes neues Eichenholz. Trocken, hohe Alkoholgradation, aber nicht brennend, zurückhaltende, aber stimmige Säure, weiche Tannine, körperreich, ein wuchtiger Blockbuster, runde, opulente Struktur, strotzt von Geschmacksnoten ähnlich jenen in der Nase, zusätzlich vielleicht ein Hauch von Leder, trotz des hohen Alkohols perfekt balanciert, schönes, langes Finale. Alles in allem ein großartiger Wein mit Lagerpotenzial und markantem Charakter.

Was verraten uns diese Notizen?

Optische Erscheinung: Die satte Farbe weist auf einen Wein hin, der nicht aus einer kühlen Klimazone stammt und aus einer Traubensorte mit kräftigen Pigmenten in der Beerenhaut gekeltert wurde, als die Beeren sehr reif waren; wenn überhaupt, dürfte der Wein nur leicht filtriert worden sein. Das volle Rubinrot mit einem ganz schmalen Purpur-Rosa-Schimmer am Rand verrät einen relativ unreifen Wein. Die ausgeprägte Viskosität lässt einen körperreichen Wein mit hoher Alkoholgradation erwarten.

Nase: Der kräftige, expressive Charakter verrät eine edle Traubensorte; der Duft nach schwarzen Johannisbeeren und Kirschen lässt an Cabernet Sauvignon denken, eventuell an Merlot, vielleicht noch an Syrah bzw. das australische Pendant Shiraz. Das Konfitürenartige bestätigt den hohen Reifegrad der Trauben bei der Lese. Die exzellente Integration des neuen Eichenholzes ist ein Zeichen für Kellermeisterarbeit erster Klasse und Qualität.

Der Umstand, dass keinerlei Gewürz- oder kräftige Kokosnuss-Vanille-Noten festzustellen sind, deutet eher auf französische als auf amerikanische Eiche hin. Die Fleisch- und Tabaknoten weisen darauf hin, dass der Wein ungeachtet seiner Jugend im Begriff steht, sich zu entwickeln.

Gaumen: Der hohe Gehalt an sehr reifen Tanninen ist ein weiterer Hinweis auf Cabernet Sauvignon. Die hohe Alkoholgradation, die zurückhaltende Säure und die Geschmeidigkeit der Tannine sind deutliche Indikatoren eines warmen Anbaugebiets, doch die hervorragende Geschmacksqualität weist auf ein nicht übertrieben warmes Klima hin. Die runde, opulente Struktur deutet in Verbindung mit der Geschmackskonzentration auf Qualitätsproduktion hin – Ertragsbeschränkung im Weinberg und sorgfältiger Ausbau mit minimalen Eingriffen. Die ausgezeichnete Balance und das schöne lange Finale bestätigen, dass wir es mit einem Wein der Spitzenklasse zu tun haben, der höchstwahrscheinlich aus einem berühmten Anbaugebiet stammt.

Sie könnten jetzt die folgenden Schlüsse ziehen:
Rebsorte: Die tiefe Farbe, der hohe Tanningehalt, voluminöse Struktur und kräftiger Körper, vor allem aber der charakteristische Geruch nach schwarzer Johannisbeere machen Cabernet Sauvignon wahrscheinlich. Merlot käme infrage, doch ist da Johannisbeere weniger häufig, insbesondere die reifsten Beeren riechen mehr nach Zwetschgen und Pflaumen. Was Syrah/Shiraz betrifft: Französische Syrahweine hätten wahrscheinlich stärkere Wild- und Pfeffernoten und wären nicht von so opulenter Struktur, während wir bei australischem Shiraz etwas süßere Fruchtaromen und Schokoadetöne erwarten dürften. Cabernet Sauvignon ist und bleibt hier also die Traube der Wahl.
Herkunft: Aufgrund der spezifischen Farbe, der kräftigen Struktur und der hervorragenden Geschmacksqualität können wir mit großer Sicherheit

annehmen, dass der Wein aus einer ziemlich warmen Region stammt (also höchstwahrscheinlich nicht aus Bordeaux), die Weine hoher Qualität erzeugt. Australien (Coonawarra, wenn auch eher etwas kühl, Margaret River, McLaren Vale), Kalifornien (Napa Valley, Sonoma County, Santa Cruz Mountains), Chile (Maipo), Südafrika (Stellenbosch) und die Toskana (Bolgheri) kommen als Kandidaten infrage. Doch ein sehr voller Körper und eine so opulente Struktur sind bei Cabernet Sauvignon aus Chile, Südafrika und der Toskana eher weniger häufig. Uns bleibt also die Wahl zwischen australischen und kalifornischen Anbaugebieten. Wahrscheinlich sollten wir Australien ausscheiden lassen, weil bei einem Australier Minzgeschmack, eine verbreitete Eigenart von australischem Cabernet Sauvignon, zu erwarten gewesen wäre (deutlicher in Weinen aus Victoria, oft aber auch in Weinen aus anderen Regionen feststellbar). Auch Gewürz- oder Kokosnuss-Vanille-Noten sind in australischen Spitzencabernets wegen des Einsatzes von amerikanischer Eiche häufig. In Kalifornien werden viele Blockbuster aus Cabernet-Sauvignon-Trauben erzeugt, insbesondere im Napa Valley, wo es viele Boutique-Wineries gibt, die sich auf diesen Stil spezialisiert haben; es ist nichts als folgerichtig, auf einen Cabernet Sauvignon aus Kalifornien zu tippen.

Produktion: Volle Farbe und voller Körper, wunderbares Gaumengefühl sowie kräftiges Bukett und großartiger Geschmack sind nur als Resultat sorgfältigster Arbeit im Weinberg (konsequente Ertragsbeschränkung und aufmerksame Pflege der Reben) und bei der Vinifikation im Keller (so wenig Eingriffe wie möglich, aber konstante Beobachtung) denk-

bar. Angesichts des konzentrierten Extrakts (der sich in Farbe und Körper manifestiert) wäre es möglich, dass der Wein vor der Gärung eine längere Mazeration durchgemacht hätte, und sehr wahrscheinlich wurde er überhaupt nicht – oder nur ganz leicht – filtriert und geschönt. Die herrliche Reife der Tannine in Verbindung mit dem schönen Geschmack lassen darauf schließen, dass der Wein sechzehn bis vierundzwanzig Monate in neuem Eichenholz oxidativ ausgebaut worden ist (weil die Holznote diskret ist, höchstwahrscheinlich in französischer Eiche); dabei wurden die Barriques regelmäßig aufgefüllt und der Wein drei- bis viermal jährlich umgepumpt, was die leuchtende Klarheit eines Weins von so tiefer Farbe erklären würde.

Alter und Reife: Es ist ganz offensichtlich, dass der Wein noch unreif ist (leuchtendes Rubinrot, schmaler Purpur-Rosa-Schimmer am Glasrand, satte Frucht in der Nase); doch unter den Fruchtaromen beginnen sich schöne Fleisch- und Tabaknoten zu zeigen – das Bukett eines Weins, der seine überschäumendste Jugend gerade hinter sich hat und vielleicht vier bis sechs Jahre alt ist. Die Intensität der Tannine lässt ungeachtet der opulenten Struktur einen Wein mit großem Lagerpotenzial erwarten, und die enorme Geschmackskonzentration sollte Gewähr dafür bieten, dass der Wein viele Jahre lang nicht austrocknet.

Stil und Qualität: Seine großzügige Art und die kräftige, aber distinguierte Nase machen diesen Wein zu einem typischen Vertreter moderner Vinifikation, die bei einflussreichen Weinkritikern (vor allem Amerikanern) äußerst beliebt ist. Dank seiner ansprechenden Farbe, attraktivem Duft, wunderbarem

Gaumengefühl, perfekter Balance und schönem langen Finale ein Wein, der das Prädikat hervorragend verdient.

Schlussfolgerung: Cabernet Sauvignon, Napa Valley, vier bis sechs Jahre alt, Spitzenwein mit Lagerpotenzial, stammt aus einer Top-Winery.

Mit Erfahrung und regelmäßigem Üben ist es keineswegs unmöglich, einen Wein so genau zu identifizieren. Ein ausdrucksstarker Wein wie ein Cabernet Sauvignon aus dem Napa Valley liefert Ihnen genügend Informationen, um bei Ihren Überlegungen und Schlussfolgerungen erfolgreich zu sein. Doch Irrtümer unterlaufen leicht und schnell, selbst den erfahrensten Degustatoren.

Mag dies alles vielleicht noch recht simpel und einfach aussehen, in der Praxis kann es sich dann als ziemlich schwierig erweisen. Nicht nur schwankt Ihre Tagesform – mal sind Sie in guter, mal in schlechter Verfassung –, auch der Geschmack eines Weins aus einem bestimmten Anbaugebiet ist keineswegs immer eine zuverlässige Größe.

Verallgemeinerungen sind zwar hilfreich, doch Sie müssen flexibel sein und Ausnahmen zulassen. Wie Robert Jospeh sagte – nicht jeder Schwede ist blond und nicht jeder Cabernet Sauvignon riecht nach schwarzen Joahnnisbeeren! Darüber hinaus scheinen einige Weinregionen in ihrem Geschmacksprofil beständiger als andere. Die meisten Verkoster werden eine ziemlich klare Vorstellung davon haben, was von einem klassifizierten Gewächs aus dem Médoc zu erwarten ist – aber ich habe so meine Zweifel, dass sie dasselbe von einem roten Châteauneuf-du-Pape sagen könnten.

Es ist entscheidend, sich zu vergegenwärtigen, dass bei Wein Trends und Modeströmungen wechseln und der technische Fortschritt sich niemals aufhalten lässt. Vinifikationsmethoden ändern sich mit den Zeiten, was heute wichtig ist, kann morgen schon überholt sein. Was wir heute als den typischen Geschmack eines kalifornischen Chardonnays oder eines klassischen Shiraz aus dem Barossa Valley ansehen, kann innerhalb eines Jahrzehnt ganz anders daherkommen. Ein gutes Beispiel sind die Bordeauxweine vom rechten Ufer der Garonne, wo der Einfluss des Önologen Michel Rolland, der Wert legt auf volle Reife, Extrakt und tiefe Farbe, den regionalen Rotweinstil in den Neunzigerjahren grundlegend verändert hat. Wenn Sie bei Blindproben Chancen auf Erfolg haben wollen, müssen Sie wissen, was in der Weinwelt vor sich geht!

Denken Sie lateral und prüfen Sie jede Möglichkeit; gehen Sie vor allem Folgendem nach:

Auswirkungen der Rebsorte(n): auf Geruchsprofil, Körper und Gaumengefühl (insbesondere Säure, Alkohol- und Tanningehalt), schließlich die eigentliche Qualität.

Auswirkungen der klimatischen Bedingungen sowie des Jahrgangs: kalt, kühl, gemäßigt, warm, heiß, regnerisch, späte Lese, Botrytis, die den Alkoholgehalt beeinflusst, Säure, Restzucker, Reife der Tannine, Geschmacksprofil.

Auswirkungen der Arbeiten im Weinberg: Ertrag, Reifegrad bei der Lese, Botrytis, Einfluss von Lese bei –7 ° Celsius (Eiswein) auf Geschmack, Körper und Gaumengefühl.

Auswirkungen der Vinifikation: reduktiv, oxidativ. Vor allem bei Weißwein: Hülsenmaischung

– lag der Most auf der Maische? Wie lange? Ganztraubenpressung, geschmacksverbessernde Reinzuchthefen, Kaltvergärung, malolaktische Gärung, mehr oder weniger Bâtonnage, spontaner Gärstopp, Flor, Kältestabilisierung, sterile Filtration, Menge des beigegebenen Schwefeldioxids. Vor allem bei Rotwein: geschmacksverbessernde Reinzuchthefen, abbeeren (entrappen) oder nicht, Ganztraubengärung oder Einmaischung, Umwälzen der Maische oder Unterstampfen des Tresterhuts (Art und Länge der Mazeration), Kohlensäuremaischung, Vorlaufwein oder Presswein, Mostkonzentration und Umkehrosmose, Ausbau in neuem Eichenholz, Umpumpen, Filtration und Schönung, Stabilisierung der flüchtigen Säure – all diese technischen Maßnahmen beeinflussen den Geschmack eines Weins auf ihre Weise.

Auswirkungen der Lagerung und Reifung: überschäumend fruchtig in der Jugend, komplexes Bukett im Reifezustand.

Nützen Sie Ihr Wissen und Ihren gesunden Menschenverstand. Hüten Sie sich davor, eine Rebsorte und ein Anbaugebiet zusammenzubringen, bloß weil die Rebe in dieses Gebiet zu passen scheint. Kombinieren Sie keine kostspieligen Verfahren mit preisgünstigen Weinen (Ertragsreduktion und Zechwein zum Beispiel) oder umgekehrt.

Drei häufige Fehler

Der erste verbreitete Fehler ist es, sich bei der Lösung auf einen einzelnen bestimmten Punkt Ihrer Verkostungsnotiz zu stützen. Anstatt sicherzustellen, dass dieser einzelne Gesichtspunkt durch Ihre weiteren Bobachtungen bestätigt wird, zwingen Sie die übrigen Befunde dazu, sich diesem einen bestimmten Punkt unterzuordnen. Bei einer Sommelierprüfung musste ich einmal einen Freund beurteilen, der, obwohl sonst ein guter Verkoster, in diese Falle ging. Nachdem er sich einmal selbst eingeredet hatte, er habe das Bukett eines Barolo erkannt, wollte er in einem nur mäßig ausdrucksstarken Rotwein partout auch feste Tannine und einen vollen Körper feststellen, obwohl der Wein nur bescheidene Gerbsäure hatte und ziemlich leicht war. Dieser Fehler ist besonders häufig, wenn man mit einem Wein zu kämpfen hat, der nur wenig Persönlichkeit aufweist, besonders wenn Prüfungsstress hinzu kommt. Stützen Sie Ihre also Schlussfolgerungen nicht auf nur einem Beweisstück ab!

Ein weiterer klassischer Fehler kann entstehen, wenn Ihre Beobachtungen Ihren Überlegungen widersprechen. Im vorhergehenden Beispiel wurden unbewusst einige Hinweise unterdrückt, welche die Antwort infrage gestellt hätten; hier nun wird zwar jeder Gesichtspunkt registriert, aber die Schlussfolgerung steht mit ihnen nicht im Einklang. Sie stellen zum Beispiel fest, dass ein Wein konzentriert und sehr reif ist, aber Sie tippen auf einen mittelmäßigen Jahrgang, nur weil der Wein ein bestimmtes Alter zu haben scheint. Ihre Interpretation muss stets mit Ihren Beobachtungen übereinstimmen!

Der letzte grundlegende Fehler ist es, die Wahlmöglichkeit ohne Not viel zu früh einzuengen und sich nicht genügend Spielraum zu lassen. Als Student hatte ich einmal einen sehr aromatischen Weißwein zu beurteilen, dessen Geruchsprofil natürlich eine große Hilfe war, weil es viele nützliche Informationen für mich enthielt. Die kräftigen Blütenaromen und Aprikose-Pfirsich-Noten ließen mich einen Sauvignon Blanc rasch ausschließen. Ich fühlte mich bestätigt durch die zurückhaltende Säure, die ihrerseits in Verbindung mit dem ziemlich vollen Körper für mich Riesling als Rebsorte ausschloss. Ich legte mich darauf fest, dass ich es mit einem Elsässer Wein zu tun hatte. Ein Muscat konnte es nicht sein, da nicht der leiseste Hauch von Traubengeschmack festzustellen war, also schwankte ich zwischen Gewürztraminer und Pinot Gris. Ich entschied mich schließlich für Letzteren, weil er mir besser ins Gesamtbild zu passen schien. Und ich irrte mich – es handelte sich um einen Condrieu. Hätte ich eine Stimme vernommen »Hast du auch an die Viognier-Traube gedacht?«, aus welcher Condrieu gekeltert wird, hätte ich zwar vielleicht auch nicht die richtige Lösung gefunden, aber ich hätte mir eine viel größere Chance bewahrt. Ich hätte natürlich auch Albariño, Torrontes und andere aromatische Rebsorten in Betracht ziehen sollen. Von da an pflegte ich jeweils eine lange Liste von Rebsorten aufzustellen, um keine Möglichkeit außer Acht zu lassen. Erweitern Sie Ihren Blickwinkel und engen Sie sich in der Wahl nicht vorschnell selbst ein!

Mythen um Blindproben

In der Weinwelt kursieren ein paar vorgefasste, stereotype Meinungen über Blindproben.

So wird man Ihnen immer und immer wieder erzählen, der erste Eindruck sei der richtige. Wie die meisten Degustatoren habe auch ich schon die ärgerliche Erfahrung gemacht, dass ich im letzten Augenblick meine Ansicht änderte – nur um dies kurz darauf bitter zu bereuen. Und doch bin ich mit der Theorie des ersten Eindrucks nicht ganz einverstanden. Es kam auch schon vor, dass ich meine Meinung änderte – und schließlich darüber sehr glücklich war. Wenn wir unser Urteil revidieren und dann ins Schwarze treffen, bleibt unser erster Tipp nicht so stark in der Erinnerung haften; es ist so, als ob das Umschwenken in letzter Minute Teil des Überlegungsprozesses wäre. Wenn wir aber die richtige Antwort zugunsten einer falschen aufgegeben haben, sind Ärger und Frustration unglaublich groß und prägen sich unserem Gedächtnis für sehr lange Zeit ein. Ein wenig ist das wie bei einem Fußballtrainer, der nicht aufhört, über einen Strafstoß zu hadern, den der Schiedsrichter seiner Mannschaft verweigert hat, und sich nicht daran erinnert, dass sein Team vielleicht ein paar Spiele zuvor von der Großzügigkeit eines anderen Schiedsrichters profitierte.

Zusammenfassend möchte ich sagen: Wenn Ihr erster Eindruck sehr stark ist, ist es vermutlich klug, daran festzuhalten; wenn nicht, kommen Sie ruhig darauf zurück und revidieren Sie ihn, wenn Sie im Laufe Ihrer Beobachtungen auf neue Gedanken kommen. Wer nur auf den ersten Eindruck vertraut, reduziert seinen Geschmackssinn auf einen reinen, durch die Vernunft nicht weiter beeinflussbaren Instinkt!

Anfänger seien in Blindproben viel besser als erfahrene Degustatoren, lautet die zweite häufig geäußerte Meinung. Ihr Gedächtnis sei unbelastet, so die Theorie, und sie eigneten sich daher für diese Art der Degustation besser als regelmäßig Verkostende, deren Erinnerungsspeicher voll sei. Vergebens also all das jahrelange Training – welch deprimierender

Gedanke! Auch diese Ansicht teile ich nicht ganz. Zweifellos kommt es vor, dass ein Anfänger erfahrene Verkoster aussticht, doch üblicherweise geschieht dies bei einem gesellschaftlichen Anlass, und die Blindprobe selbst ist nur kurz. Im Verlaufe eines Abendessen kann beispielsweise der Gastgeber einen nicht identifizierten Wein ausschenken und die Gäste zum Spaß auffordern, den Namen dieses Weins zu nennen. Wenn sich unter den Gästen ein Weinprofi oder eine Weinexpertin befindet, wird natürlich erwartet, dass er oder sie einen Treffer landet. Nehmen wir einmal an, es handele sich um einen anständigen Sancerre; der Profi kennt so viele Weine, die einem Sancerre ähnlich sein können, dass er vielleicht zögert und an einen falschen Wein denkt, der Anfänger mit

wenig Erfahrung kann durchaus die richtige Antwort geben, ganz einfach weil Sancerre der einzige Wein dieser Art ist, den er kennt. Beim Fernseh-Quiz kann der Experte auch an einer einfachen Frage scheitern, weil er eine Falle vermutet, während der Neuling keinen Augenblick zögert, weil seine Antwort das Einzige ist, was er über das Thema weiß. Wenn man aber fünfzehn Fragen zum selben Thema stellt oder fünfzehn Weine blind verkosten lässt, wird sich bald herausstellen, wer der Experte ist.

In Anekdoten machen oft legendäre Weinproben aller Art die Runde. Wenn die Sprache auf Blindproben kommt – jede Wette, dass jemand einen oder eine kennt, der jedes beliebige Glas Wein auf Anhieb identifizieren kann.

Wer so eine Geschichte erzählt, mag sie tatsächlich erlebt haben. Der Fehler liegt darin, dass er oder sie nun aufgrund eines einmaligen Ereignisses glaubt, dies geschehe häufig. Angenommen, ich würde nur ein einziges Mal bei einer Partie Billard zuschauen und der Gewinner erzielte volle 147 Punkte, dann nähme ich vermutlich an, das sei ganz normal. Dass die Leute Blindverkostern beinahe übernatürliche Fähigkeiten zuschreiben, ist übrigens nicht überraschend. Blindproben werden beinahe nie im Fernsehen gezeigt, es wird nur wenig darüber geschrieben und viel mehr darüber geredet. Das Geheimnisvolle, das Blindproben umgibt, macht sie zu einem idealen Nährboden für Mythen und Legenden.

Grenzen der Blindprobe

Blindproben sind keine exakte Wissenschaft und es lohnt sich, darüber nachzudenken, wo ihre Grenzen liegen.

Junge Weine sind leichter zu erkennen als ältere. Aromen und Geschmack der Traubensorten sind auf ihrem Höhepunkt und haben sich noch nicht durch Flaschenlagerung verändert. Nach ein paar Jahren in der Flasche kann es beispielsweise durchaus sein, dass ein alter Rotwein von der Rhone riecht wie ein alter Bordeaux.

Aromatische Rebsorten und Trauben mit einem ausgeprägten Geschmack sind natürlich viel einfacher zu identifizieren. Es wird Ihnen deutlich leichter fallen, einen typischen Riesling zu erkennen als einen Weißwein aus der Trebbiano-Traube.

Vinifikationsmethoden, die den Geruch des Weins stark beeinflussen, beispielsweise neues Eichenholz, machen Ihnen die Aufgabe viel schwerer, es sei denn, die angewandte Technik ist nur für eine beschränkte Zahl von Anbaugebieten charakteristisch. Zum Beispiel ist der typische Fluorgeruch zwar kein absolut ausschließliches Merkmal eines Fino-Sherry, er kann aber beim Eingrenzen der Möglichkeiten recht hilfreich sein.

Bestimmte Weinbaugebiete entwickeln charakteristische Aromen und Geschmacksprofile, die im wahrsten Wortsinn beinahe unnachahmlich sind. Die Franzosen nennen dieses Phänomen *Terroir*.

Blindproben machen Spaß!

Ich hoffe, all diese Komplikationen vermögen Sie nun nicht von einer guten Blindverkostung abzuschrecken. Blindproben sind nämlich sehr lehrreich und können großen Spaß machen. Ich werde Ihnen im Folgenden zwei besonders spannende Spielvarianten vorstellen.

Die berühmteste funktioniert nach dem Multiple-Choice-System und wurde vom legendären Lee Evans propagiert. Einer Guppe von Verkostern wird ein Wein verhüllt ausgeschenkt; in jeder Runde werden mögliche Antworten zur Wahl gestellt; wer die richtige wählt, spielt weiter, die anderen scheiden aus. Das Spiel dauert so lange, bis ein Sieger übrig bleibt. Wenn Sie einen chilenischen Cabernet Sauvignon 1996 aus dem Maipotal reichen, könnten Sie beispielsweise fragen: Kommt dieser Wein a) aus Europa, b) aus Amerika oder c) aus Australien? Die nächsten Fragen könnten sich auf das Land (Argentinien, Chile, USA), die Region (Maipo-, Maule- oder Rapeltal), die Rebsorte (Cabernet Sauvignon, Merlot,

Syrah), den Jahrgang (1995, 1996, 1997) beziehen, und wenn dann immer noch mehr als ein Spieler im Rennen sein sollte, können Sie nach dem Namen des Erzeugers, der Alkoholgradation oder auch der Farbe des Etiketts fragen. Wie beim Fußball erlaubt dieses Cupsystem keine Fehler: Spieler, die Cabernet Sauvignon als Sorte herausgefunden, aber auf Europa getippt haben, scheiden schon in der ersten Runde aus!

Die zweite Variante wird folgendermaßen gespielt: In einem Team von drei Spielern äußert jeder seine Meinung zu einem Wein, der gerade eingeschenkt worden ist – aber zwei Spieler lügen, nur einer sagt die Wahrheit; die anderen Spieler müssen nun entscheiden, welches Teammitglied die richtige Weinbeschreibung abgegeben hat. Dieses Spiel erstreckt sich meistens über mehrere Weine und Runden und funktioniert am besten, wenn mehrere Teams im Turnus spielen.

In seinem Buch *Amüsanter Leitfaden für den perfekten Weinkenner* bringt Leonard S. Bernstein Blindproben und Golf in Verbindung. Er vergleicht das Herausfinden des Weinguts und des Jahrgangs mit einem »Hole in one« und ermutigt Verkoster, mit ihrer Leistung zufrieden zu sein, wenn sie ein Loch »par«, also mit der Richtschlagzahl, erreichen. Mit anderen Worten: Wenn Sie bei einem Wein die Rebsorte und das Anbaugebiet (oder nur schon das Land) bestimmen können, bei schwierigeren Weinen nur die Rebsorte oder das Anbaugebiet (oder das Land), und Sie liegen darüber hinaus mit dem Jahrgang einigermaßen richtig – dann haben Sie schon sehr gut abgeschnitten.

Viel Glück bei Ihren Blindproben!

Kapitel 8

Was den guten Verkoster ausmacht

Mit Ausnahme einer verschwindend kleinen Zahl Unglücklicher, die an Anosmie (der Unfähigkeit zu riechen) oder Agustie (der Unfähigkeit zu schmecken) leiden, sind wir von Natur aus für die Feinheiten der Weinverkostung hinreichend ausgerüstet. Natürlich gibt es, wie bei jeder menschlichen Tätigkeit, auch hier Leute, die dazu bessere physische und geistige Voraussetzungen mitbringen, aber auch den scheinbar weniger begabten steht ein weites Feld offen, um ihre Fähigkeiten zu steigern und einen guten Standard zu erreichen.

Technik

Der erste Schritt, um ein guter Verkoster zu werden, besteht darin, die Grundlagen zu lernen, damit man weiß, wonach man in einem Glas Wein suchen soll. Wenn Sie ein Buch wie dieses hier lesen oder an einem Weinkurs teilnehmen, sollten Sie rasch ein hinreichendes technisches Rüstzeug zusammenhaben, das Sie durch ständige Übung ausbauen können. Das Deutsche Weininstitut in Mainz bietet zum Beispiel ausgezeichnete Weinkurse für Anfänger an.

Weinkenntnis

Breite Kenntnis verschiedener Weine ist hilfreich. Sie brauchen aber keineswegs ein wandelndes Lexikon zu sein – allzu viel Weinwissen kann geradezu stören, wenn Sie ein Glas Wein vor sich haben. Wenn Sie die charakteristischen Geschmackseigenschaften der wichtigsten Rebsorten kennen, wenn Sie wissen, welchen Einfluss die örtlichen Gegebenheiten (Klima, Jahrgang, Boden) auf die Trauben haben können und von den Grundzügen der Kellertechnik eine Ahnung haben, sollte Sie das in die Lage versetzen, das Verkosten wirklich zu genießen. Es ist viel einfacher zu verstehen, wie ein Wein schmeckt, wenn man erklären kann, warum er so schmeckt, wie er schmeckt.

Gedächtnis

Es ist wichtig, ein Verkostungsgedächtnis aufzubauen, vor allem, aber nicht ausschließlich, was die Gerüche betrifft. Ein gutes Erinnerungsvermögen ist entscheidend, weil es Ihnen ermöglicht, an Sinneseindrücke anzuknüpfen, die Sie nach und nach gesammelt haben, um sie mit neu hinzukommenden zu vergleichen und so den aktuellen einzuordnen.

Es geht nicht bloß darum, ein Maximum von Informationen zu horten, vielmehr ist wichtig, das Beste damit anzufangen. Zu viele und ungenügend verarbeitete Informationen sind eher verwirrend als hilfreich. Wenn Sie eine Weinmesse besuchen, wo Hunderte von Weinen zur Probe bereitstehen, ist es viel besser, nur wenige Weine zu verkosten und diese dafür gründlich zu analysieren, als zu versuchen, so viele Weine zu probieren wie nur möglich. Wenn ich eine große Fachmesse besuche, versuche ich zunächst, für mich ein interessantes Thema zu finden und es zu vertiefen. Auf der jährlichen kalifornischen Weinmesse verbringe ich beispielsweise einige Zeit mit dem Verkosten und Vergleichen der verschiedenen Zinfandels. So kann ich mir ein Bild dieser Rebsorte machen und die Weine der einzelnen Erzeuger gegeneinander halten, und davon habe ich mehr, als wenn ich innerhalb kurzer Zeit alle möglichen Weinstile durcheinander probierte. Den zweiten Teil des Messebesuchs gestalte ich dann deutlich lockerer – schließlich ist eine Weinmesse keine Rekrutenschule!

Konzentration

Die Fähigkeit, sich stark und lange genug auf ein Glas oder mehrere Gläser Wein zu konzentrieren, hängt direkt mit dem Gedächtnis zusammen. Ihr Erinnerungsvermögen für Geschmack und Gerüche wird nur dann geschult, wenn Sie sich beim Degustieren voll und ganz konzentrieren.

Natürlich stehen die Weine im Mittelpunkt, Sie sollten Ihre Aufmerksamkeit aber auf deren wichtigste Aspekte fokussieren. Es ist zum Beispiel nicht sinnvoll, viel Zeit auf die optische Erscheinung junger Sauvignons Blancs ohne Ausbau in Eichenholz zu verschwenden. Sie sollten sie zwar mit einem Blick prüfen, doch das Auge ist für diese Art von Wein kein entscheidendes Kriterium. Sehr wichtig ist es auch, dass Sie abschalten können und Ihre Gedanken sich weder durch die Umgebung noch durch Suggestionen von außen oder von innen beeinflussen lassen.

Im ersten Kapitel, das die praktischen Aspekte der Organisation und Durchführung einer Weinverkostung beschreibt, betone ich verschiedene Umwelteinflüsse. Natürlich ist eine lärmige Umgebung nicht ideal, doch Verkostungsräume, insbesondere große, wo im Stehen degustiert wird, sind alles andere als leise. Sie müssen also lernen, sich durch das, was um Sie herum vor sich geht, nicht aus der Ruhe bringen zu lassen.

Suggestion von außen wird durch andere Verkostende, die einzelne Weine kommentieren, an Sie herangetragen. Die Meinungen anderer Degustatoren sind nicht besonders hilfreich, wenn sie kundgetan werden, bevor Sie selbst eine Chance hatten, sich von Geschmack und Qualität der betreffenden Weine ein eigenes Bild zu machen. Unweigerlich werden sie Ihre eigene Einstufung der Weine von vornherein beeinflussen. Nachdem Sie die Weine probiert haben, kann es jedoch sehr nützlich und interessant sein, Ihre Eindrücke mit denen erfahrener Verkoster zu vergleichen und Ihnen neue Blickwinkel eröffnen, die Sie einfach außer Acht gelassen hatten.

Für Suggestion von innen zeichnet Ihr eigenes Weinwissen verantwortlich. Wenn Sie zum Beispiel im Voraus wissen, dass Sie eine Reihe klassifizierter Gewächse von Bordeaux aus einem guten Jahr verkosten, kann es sein, dass Sie die Weine automatisch besser finden als die Weine derselben Güter aus einem Jahr, das als weniger gut angesehen wird, die Sie zuvor probiert hatten. Die Konsequenzen, die Sie ziehen müssen, um innerer Suggestion vorzubeugen, sind ähnlich denen gegen Suggestion von außen – nur ist es viel schwieriger, sich gegen eigene Vorurteile zu immunisieren.

Übung

Regelmäßiges Üben ist entscheidend, weil es in Schwung hält und das Gedächtnis auffrischt. Wenn Sie relativ lange Zeit, sagen wir ein halbes oder gar ein ganzes Jahr, nie ein Glas Wein von Nahem gesehen haben oder den Weinen, die Sie trinken, aus Gewohnheit keine große Aufmerksamkeit schenken, wird Ihre Leistung beim Verkosten abfallen. Ihre Konzentration wird nachlassen, es kann sein, dass Sie gewisse Gesichtspunkte vernachlässigen und Ihnen dadurch wichtige Aspekte der Weine entgehen, die Sie degustieren. Und zu alledem rostet Ihr Gedächtnis ein. Bei manchen Gelegenheiten werden Sie sich selbst dabei ertappen, dass Sie einen Geruch zwar kennen, ihn aber einfach nicht benennen oder einordnen können – und Sie werden sich ärgern. Auch mit ständigem Training ist Verkosten schwierig; wenn Sie nicht üben, werden sich Ihre Schwächen umso deutlicher zeigen. Lassen Sie sich durch eine scheinbar gute Leistung nicht täuschen, wenn Sie mit dem Verkosten wieder anfangen. Die natürliche Euphorie, die jede Wiederaufnahme einer Tätigkeit begleitet, bewirkt oft hervorragende Ergebnisse, die später, wenn die erste Begeisterung verflogen ist, nicht mehr wiederholt werden können.

Neugier

Um Fortschritte zu machen, müssen Sie neugierig sein. Es muss Ihnen ein Bedürfnis sein, neue Sinneseindrücke kennen zu lernen. Dieselbe Art Wein wieder und wieder zu verkosten mag Ihnen zwar gründliche Detailkenntnisse verschaffen, doch Sie lernen keine neuen Referenzpunkte und Vergleichswerte anderer Weine kennen, und vielleicht verengt sich auch Ihr Blickwinkel ein wenig.

Offenheit

Neugier ist beim Degustieren eine positive Eigenschaft, versuchen Sie also, für alles Neue offen zu bleiben. Vielleicht mögen Sie eine bestimmte Rebsorte oder einen Weinstil persönlich nicht, Sie sollten aber trotzdem dazu fähig sein, echte Qualität zu schätzen, so wie ein echter Sportler die Qualitäten eines Kontrahenten anerkennt. Voreingenommenheit und die Ablehnung anderer Werte machen Sie zu einem schlechteren Degustator!

Selbstvertrauen

Scheuen Sie sich nicht, eine eigene Meinung zu haben und auch zu behalten, wenn sie auf einem einwandfreien Verkostungseindruck beruht. Es mag sein, dass Sie falsch liegen, aber Sie werden mehr lernen als wenn Sie einfach eine allgemeine Ansicht akzeptieren, ohne sie zu verstehen. Natürlich macht sich niemand gern zum Narren: Sie brauchen Ihre Meinung nicht lauthals zu verkünden oder anderen aufzudrängen – Selbstvertrauen ist nicht Arroganz!

Leidenschaft

Degustieren kann zur alles verzehrenden Passion werden. Aber auch wenn es nicht so weit kommt – ein wenig Leidenschaft ist schon nötig, um die unvermeidlichen Schwierigkeiten zu überwinden, auf die

Sie treffen werden, und Ihnen frischen Mut für Ihre weitere Weinreise zu machen.

Spaß

Wein ist ein wichtiger Bestandteil gewisser Diäten und ist vor allem aus der Mittelmeerküche nicht wegzudenken. Er ist aber auch, wie viele von uns schon am eigenen Leib erfahren haben, der Grund für manchen prächtigen Kater! Wenn manche Erzeuger keine Mühe scheuen, um ihre Weine besser und besser zu machen, dann deswegen, weil guter Wein uns ein Vergnügen bereitet, das nur durch bewusstes Degustieren ganz erfasst wird. Und dieses Vergnügen steigert sich noch, wenn man sich mit Spaß an der Sache ans Verkosten macht.

Anhang

Wein-Inhaltsstoffe

Wasser

Zum weitaus größten Teil besteht Wein (wie schon die Beeren) aus Wasser, es macht je nach Art des Weins 70–90 Volumenprozent aus. Wasser spielt eine wichtige Rolle, weil es die darin gelösten übrigen Inhaltsstoffe unterstützt und ausbalanciert.

Alkohol

Der zweitwichtigste Bestandteil von Wein ist Alkohol (größtenteils Ethanol); er macht je nach Wein 8,5–15 Volumenprozent aus. Alkohol entsteht beim Abbau des im Most gelösten Traubenzuckers durch Hefepilze. (Manchmal wird der Most zusätzlich aufgezuckert.) Bei »alkoholfreiem« oder »alkoholarmem« Wein wird der Alkohol ganz entfernt bzw. der Alkoholgehalt reduziert. So genannte aufgespritete oder verstärkte Weine können um die 20 Volumenprozent haben, weil ihnen Alkohol hinzugefügt wurde. Alkohol ruft im Mund ein leicht süßes und warmes Gefühl hervor. In größeren Mengen verstärkt er den Eindruck von Gewicht und die Viskosität eines Weins und verringert die Wahrnehmung von Säure und Adstringenz. Im Zusammenspiel mit anderen Komponenten spielt er auch beim Geruch eine Rolle.

Säuren

Wein enthält nicht mehr als 1 Prozent Säuren, doch sie sind ausschlaggebend für seinen Geschmack. Man unterteilt sie nicht flüchtige und flüchtige Säuren. Flüchtige Säuren lassen sich durch Destillation aus Wein entfernen, nicht flüchtige nicht. Die Summe der Säuren nennt man Gesamtsäure, sie wird mit dem pH-Wert angegeben. Weine aus sehr kühlen Anbaugebieten sind saurer, sie haben einen tieferen pH-Wert (um 2,9–3,1), Weine aus sehr warmen Klimazonen weisen einen pH-Wert von bis zu 4 auf, bei den meisten Weinen liegt der pH-Wert zwischen 3,2 und 3,6. Je tiefer der pH-Wert, desto frischer und knackiger der Geschmack; Weine mit einem hohen pH-Wert schmecken oft schlaff. Das Zusammenspiel der Säuren in einem Wein beeinflusst dessen Aroma und Geschmack.

Von den nicht flüchtigen Säuren sind Weinsäure und Apfelsäure die beiden wichtigsten; sie werden schon in den Beeren gebildet. Auch Zitronensäure lässt sich nachweisen, kommt aber nur in sehr kleinen Mengen vor. Oft entscheidet sich der Kellermeister, die Apfelsäure durch Bakterien zu Milchsäure abbauen zu lassen; diesen Vorgang nennt man biologischen Säureabbau oder malolaktische Gärung, kurz »Malo«. Milchsäure ist milder als Apfelsäure, deshalb wird bei den meisten Rotweinen und bei vielen weichen trockenen Weißweinen die malolaktische Gärung durchgeführt. Wein enthält verschiedene weitere Säuren (zum Beipsiel Bernsteinsäure, die bei der Gärung entsteht), aber sie tragen weniger zu der erfrischenden Wirkung der Gesamtsäure eines Weins bei. Wein mit hohem Säuregehalt ist normalerweise sehr hell, und die Säuren tragen auch zum Geruch des Weins bei. Säuren erzeugen ein Gefühl von Frische, Weine mit einem zu hohen Säuregehalt schmecken am Gaumen aber scharf oder spitz. In guten Weinen gleicht die Gesamtsäure einen hohen Restzucker- oder Alkoholgehalt aus und lässt sie dadurch angenehmer schmecken.

Essigsäure ist ein flüchtige Säure, die von Hefe- und Bakterienstämmen produziert wird; sie ist dafür verantwortlich, wenn ein Wein nach Essig riecht und schmeckt (s. Kapitel 4, Seite 96–99, »Weinfehler«). Ein wenig Essigsäure enthält jeder Wein, sie kann seinen Charakter sogar positiv beeinflussen, aber der Essigsäuregehalt muss tief sein (mit Vorteil weniger als 0,05 Prozent).

Zucker

Der Zuckergehalt eines Weins (zur Hauptsache Fruktose und Glukose) kann zwischen 0,1 und 20 Prozent schwanken. Zucker wird in den Beeren aufgebaut – je reifer die Beeren, desto mehr Zucker enthalten sie (in manchen kühleren Weinregionen ist eine zusätzliche Aufzuckerung des Mostes unter bestimmten Bedingungen erlaubt). Den Zucker, der nach dem spontanen Ende der Gärung oder deren bewusstem Abbruch durch den Kellermeister im Wein gelöst ist, nennt man Restzucker. Trockene Weine weisen nur einen geringen Restzuckergehalt auf, nicht mehr als 9 Gramm pro Liter, häufig aber bloß 2–4 g/l, je nach Anbaugebiet und Weinstil. Weine mit einem Restzuckergehalt zwischen 10 und 40 Gramm nennt man halbtrocken bis halbsüß oder lieblich. Süßweine können von 40 bis über 200 Gramm Zucker pro Liter enthalten. Die ganz trockenen Weine ausgenommen, ist es nicht leicht, den Restzuckergehalt in einer Flasche Wein genau einzuschätzen. Süßweine sehen zähflüssiger aus, vor allem wenn man sie im Glas

schwenkt, und riechen oft, aber nicht immer, nach Honig. Dass Zucker tatsächlich süß schmeckt, überrascht wohl niemanden. Wenn der Restzuckergehalt 5 g/l übersteigt, macht er den Wein runder und überdeckt eine etwa vorhandene leichte Bitterkeit. Das gibt oft Anlass zu Meinungsverschiedenheiten – Puristen sind der Ansicht, ein trockener Wein dürfe nur noch den nicht mehr vergärbaren Restzucker (weniger als 2 g/l) enthalten. Wie bei den meisten Wein-Inhaltsstoffen wird auch die Wahrnehmung des Restzuckers durch andere Komponenten beeinflusst. Je höher beispielsweise der Säuregehalt, desto weniger ist der gelöste Zucker zu schmecken. Deswegen sind die besten Süßweine jene, die genug Säure haben, um nicht klebrig zu wirken.

Polyphenole

Eine weitere wichtige Familie von Inhaltsstoffen bilden die Polyphenole. In Rotwein kommen sie in größeren Mengen (ca. 3–4 g/l) vor, zu ihnen gehören die Farbpigmente, einige Geschmackskomponenten und die Tannine (Gerbsäuren). Sie werden während der Maischung (Mazeration) den Beerenhäuten entzogen und sind im Most gelöst. Die wichtigste Pigmentgruppe sind die Anthozyanine, sie färben den jungen Wein pupurrot, nachdem sie während der Mazeration aus den Beerenhäuten in den Most extrahiert worden sind, und verfärben sich im Laufe der Reifung eines Weins. Die Geschmackskomponenten tragen zum besonderen Geruch eines Weins bei. Die Tannine verleihen Rotwein seine feste Struktur und Trockenheit sowie das Gefühl, dass sich die Schleimhäute im Mund zusammenziehen, die so genannte

Adstringenz (nicht zu verwechseln mit Bitterkeit). Wie stark man die Gerbsäuren spürt, hängt von der Reife der Beeren zum Zeitpunkt der Lese, der Kellertechnik und dem Alter des Weins ab. Unreife Beeren und Traubenkämme in der Maische, lange Standzeit während der Mazeration und hoher Druck beim Pressen ergeben härtere Weine. Durch Schönung kann der Tanningehalt reduziert werden, was einen Wein etwas weniger hart erscheinen lässt. Während des Reifungsprozesses verändern sich die Gerbsäuren chemisch (sie bilden Polymere, werden ausgefällt und lagern sich in der Flasche als Depot ab), daher sind reife Weine weicher. Weine, die in neuen Barriques ausgebaut werden, nehmen aus deren Eichenholz zusätzlich Tannine auf.

Glyzerin

Wein kann relativ viel Glyzerin enthalten (trockene Weine rund 1 Prozent, manche Süßweine bis 3 Prozent). Es entsteht während der Gärung und hat nur eine geringe Auswirkung auf den Geschmack – Weine mit einem höheren Glyzeringehalt scheinen ein bisschen weicher zu sein.

Gase

Auch in einem fertigen Wein sind Gase gelöst. Kohlensäure, ein Nebenprodukt der Gärung, ist ein unabdingbarer Bestandteil aller Schaumweine. Sie enthalten große Mengen CO_2, es prägt deren optisches Erscheinungsbild ebenso wie deren Geschmack als Ganzes. Aber auch Stillweine enthalten etwas Kohlensäure, allerdings normalerweise recht wenig (um 200–500 mg/l); in jungen Weinen kann der CO_2-Gehalt höher liegen, entweder wird es absichtlich im Wein zurückbehalten oder diesem sogar eigens zugefügt, um den Geschmack zu verbessern. Abgesehen von der optischen Erscheinung (Kohlensäurebläschen können auch in Stillwein sichtbar sein, wenn er über 800 mg/l CO_2 enthält), verstärkt Kohlensäure den Eindruck von Frische, prickelt auf der Zunge, reduziert die Wahrnehmung von Süße, intensiviert die Adstringenz von Tanninen und setzt Aromen frei.

Schwefeldioxid ist für Wein sehr wichtig. Eine winzige Menge davon entsteht während der Gärung auf natürliche Weise, der größte Teil wird dem Wein vom Kellermeister später als Antioxidans und Konservierungsmittel zugesetzt. Seine Aufgabe ist es, den Wein gegen Oxidation zu stabilisieren und vor Bakterien- und Hefebefall zu schützen. Je gesünder das Traubengut und je sauberer bei der Vinifikation gearbeitet wird, desto weniger Schwefeldioxid muss dem Wein zugegeben werden. Die Schwefelgabe ist gesetzlich geregelt, innerhalb der EU sind für die verschiedenen Weinstile zulässige Höchstmengen festgelegt. Durchschnittlich enthält Stillwein im Ganzen zwischen 60 und 120 mg/l Gesamtschwefeldioxid (d. h. freies, riechbares und gebundenes, geruchloses). Rotweine enthalten in der Regel weniger Schwefeldioxid, weil ihr höherer Polyphenolgehalt einen natürlichen Schutz gegen Oxidation bildet. Asthmatikerinnen und Asthamtiker reagieren besonders empfindlich auf Schwefeldioxid, sie sollten zum Thema Weingenuss ärztlichen Rat einholen. Hohe Schwefeldioxidwerte lassen Weißwein heller (wie gebleicht) erscheinen, der Wein riecht wie ein frisch angezündetes Streichholz, die Aromen werden überdeckt und in

Nase und Mund ist ein unangenehmes Stechen wahrnehmbar.

Sauerstoff kommt in Wein, der auf Flaschen gezogen ist, normalerweise nicht vor, weil er während Vinifikation und Ausbau mit anderen Inhaltsstoffen reagiert hat. Doch kontrollierter Kontakt mit Sauerstoff ist für den Most und den Wein wichtig und prägt den Gesamtcharakter des Weins. So wird man beispielsweise frische, fruchtige, trockene Weißweine vor Luftkontakt bestmöglich schützen, um ein Dunklerwerden und Aromaverluste zu vermeiden. Körperreiche Rotweine dagegen profitieren von Sauerstoffzufuhr während des Ausbaus – sie werden etwas weicher und sind vor Schwefelwasserstoffböckser geschützt (s. Kapitel 4, »Weinfehler«, Seite 96–99).

Flüchtige Stoffe

Eine weitere Kategorie von Wein-Komponenten ist die Gruppe der sehr flüchtigen (volatilen) Stoffe. Sie können aus den Beeren stammen (Terpene), während der Gärung entstehen (Propyl-, Isobutyl- und Amylalkohol, auch unter den Bezeichnungen »Fuselöle« bekannt, als Riechstoffe Ester und Ketone) oder von den Gebinden (aus Eichenholz) stammen, in denen der Wein gemacht oder ausgebaut wurde und reifte (Ester, Aldehyde). Sie spielen beim Gesamtbukett eines Weins in der Nase eine entscheidende Rolle und sind, allein oder im Zusammenspiel mit anderen Elementen, verantwortlich für die verschiedenen Blüten-, Frucht- und anderen Duftnoten, die Weine haben können. So soll beispielsweise der Ester Äthylhexanoat für den Erdbeergeruch mancher Rotweine

verantwortlich sein, das Terpen Eugenol ist für den Nelkenduft mancher Rotweine zuständig und der Aldehyd Vanillin gibt einigen in Eichenholz ausgebauten Weinen die charakteristische Vanillenote.

Weitere Inhaltsstoffe

In Wein hat man rund tausend weitere Inhaltsstoffe in winzigen Mengen festgestellt, so zum Beispiel Methanol, Kalzium-, Kalium-, Eisen- und Kupferverbindungen, Phosphate, Chloride und Vitamine. Ohne Zweifel spielen sie alle ihre Rolle, bei der Verkostung sind sie jedoch weniger wichtig, weil sie nicht isoliert oder für sich allein geschmacklich wahrgenommen werden können.

Zum Schluss ein paar Worte zu den wichtigsten Schönungsmitteln. Am meisten verbreitet sind Bentonit (eine Art Lehm), Gelatine (aus Tierknochen gewonnen), Hausenblase (die innere Haut der Schwimmblase von Stör, Hausen, Wels oder Sterlet), Hühnereiweiß und synthetische Produkte (PVPP); eines oder mehrere dieser Mittel werden einem Wein vom Kellermeister zugesetzt, um ihn zu klären und zu stabilisieren. Sie binden sich mit unerwünschten Schwebepartikeln und lagern sich mit diesen am Boden ab. Dann wird der Wein in einen anderen Behälter umgepumpt und filtriert, um klarere, blanke Weine zu erhalten. Einmal auf Flaschen gezogen, sollte ein Wein eigentlich keine Reste von Schönungsmitteln mehr enthalten; Schönungsmittel, die aus tierischen Produkten gewonnen werden, können aber für Vegetarier oder Veganer von Bedeutung sein, denn es lässt sich nicht ganz ausschließen, dass winzige Spuren davon im Wein zurückbleiben.

Technische Fachausdrücke

Hier werden Sie keine lange Liste technischer Fachausdrücke finden. Ich möchte vielmehr versuchen, die wichtigsten Faktoren rund um das Thema Weinherstellung verständlich zu erklären, in erster Linie diejenigen, die den größten Einfluss auf den Geschmack eines Weins haben.

abbeeren/entrappen: ein Verfahren, bei dem Stiele und Stängel der Weinbeeren, die unerwünschte Tannine enthalten und den Wein rauer machen, vor der Vergärung entfernt werden

Abstich: kellertechnisches Verfahren, bei dem Wein aus dem Gärbehälter in ein Fass oder einen Tank umgefüllt und so von der Hefe getrennt wird; dient auch der Belüftung des Weins

Additive: Zusätze, die man dem Most oder Wein zu Konservierungszwecken hinzufügt, etwa Schwefeldioxid oder Ascorbinsäure

alkoholische Gärung: chemische Umwandlung von Traubensaft (Most) in Wein durch Hefen

auffüllen: regelmäßiges Nachfüllen von verdunstetem Wein im Fass

aufspriten: Zugabe von Alkohol zum gärenden Traubenmost bei der Herstellung von Likörweinen. Dadurch wird die Gärung gestoppt, eine wilde Zweitgärung verhindert und ein Teil der natürlichen Süße bewahrt. Gelegentlich werden auch trockene Weine aufgespritet, um ihren Alkoholgehalt zu erhöhen und ein besonderes Geschmacksprofil zu erzielen

ausdünnen: Entfernen von Teilen des Laubwerks, um eine bessere Sonneneinstrahlung im Weinberg zu erzielen, die zur Verhinderung von Pilzkrankheiten und zur Qualitätsverbesserung der Trauben notwendig ist

Barriqueausbau: Reifung eines Weins vollständig in neuen oder zum Teil in gebrauchten Eichenfässern, um ansprechende Holzaromen und eine samtigere Textur zu bekommen

bâtonnage: Aufrühren der Hefe während der Gärung mit dem Zweck, dem Wein mehr Charakter zu geben

Bewässerung: künstliche Bewässerung versorgt die Reben in Trockenzeiten mit Wasser; von einigen Experten kritisiert, da zu starke Bewässerung die Qualität der Trauben beeinträchtigen kann

bluten: Abpumpen von Traubenmost beim Rotwein, um das Verhältnis von Schalen zu Most zu erhöhen

Botrytis Cinerea: Pilz, der die Traubenschalen befällt und als Graufäule bei nicht ausgereiften Trauben großen Schaden anrichten kann. Als »Edelfäule« bewirkt er bei vollreifen Beeren eine Konzentration des Zuckers und eine Intensivierung von Geschmack und Struktur

Chaptalisation: Zugabe von Zucker zum Traubenmost zur Erhöhung des späteren Alkoholgehalts im Wein

Eichenspäne: kostengünstige Variante, um einem Wein ein Eichenaroma zu geben. Allerdings überzeugt das Ergebnis im Vergleich mit Weinen aus neuen Eichenfässern wenig

Eiswein: Wein, bei dem das Wasser in den Trauben gefroren ist und dadurch eine natürliche Konzentration der Inhaltsstoffe erzielt wird. Die Trauben werden nach dem ersten Frost gelesen (in Deutschland bei mindestens −7 °C) und noch im gefrorenen Zustand gekeltert

Ertrag: Ausbauart und Wetter haben großen Einfluss auf den Durchschnittsertrag. Daher gibt es keine ideale Ertragsmenge, allerdings führt eine sehr große Erntemenge niemals zu Spitzenweinen

Estufagem: vom portugiesischem Wort »estufa« (Ofen) abgeleitetes Erwärmungsverfahren, das bei Madeira-Weinen während der Lagerung zum Einsatz kommt

Fassgärung: wird bei weißen Spitzenweinen angewandt, die für die Reifung im neuen Barrique vorgesehen sind. Die Gärung im Fass sorgt für eine bessere Integration der Holzaromen, als es bei der Gärung im Tank und anschließender Fassreife möglich ist

Fasslagerung: verleiht einem Wein eine rundere Struktur und ein leichtes Eichenaroma, wenn neue oder teilweise neue Fässer verwendet werden

Feinoxidation: Ausbau des Weins unter kontrollierter Zufuhr von Sauerstoff. Dadurch verändern sich Farbe und Geschmack

Filtrieren: Entfernen gelöster Teilchen aus dem Wein mithilfe einer Filtrieranlage. Das Filtern kann entweder zum Entfernen sichtbarer Verunreinigungen durchgeführt werden oder als Feinfiltrierung zum gründlichen Klären des Weins. Bakterien und Hefen werden durch Sterilfiltrierung entfernt

Flor: im spanischen Jerez bei der Herstellung von Sherry Fino eingesetztes Verfahren, bei dem eine watteähnliche Schicht aus Hefepilzen den Kontakt zwischen Wein und Sauerstoff verhindert und dem Wein dadurch besondere Aromen verleiht (etwa nach grünen Walnüssen)

Ganztraubengärung: Verfahren in der Rotweinherstellung, bei dem auf das Abbeeren verzichtet wird, um komplexere Aromen freizusetzen

Ganztraubenpressung: bei der Erzeugung von Spitzen-Weißweinen gebräuchliches Verfahren, bei dem die Trauben ohne vorheriges Abbeeren und Zerkleinern gekeltert werden, um die bestmögliche Mostqualität zu bekommen

Gärstopp: die Gärung wird während der Reifezeit eines ungefilterten Süßweins durch Zusatz von hochprozentigem Alkohol, der die Hefezellen auflöst, gestoppt; verbessert den Charakter des Weins

Gefrierkonzentration: mit dem Fachausdruck »Kryoextraktion« bezeichnetes Konzentrationsverfahren für edelsüße Weine, das die unterschiedlichen Gefrierpunkte der Weininhaltsstoffe nutzt, um den natürlichen Vorgang der Eiswein-Erzeugung nachzuahmen

Hülsenmaischung: Mazerationsverfahren bei der Weißweinerzeugung, bei dem der Most vor der Gärung auf der Weißweinmaische lagert, um zusätzliche Aromastoffe freizusetzen

Hyperoxidation: Verfahren bei der Weißweinerzeugung, bei dem der Traubensaft vor der Vergärung durch Sauerstoffkontakt zur Oxidation gebracht wird; vermindert die Entstehung unerwünschter Inhaltsstoffe

Kältestabilisierung: kellertechnischer Vorgang, durch den die Ablagerung von Weinstein in der Flasche verhindert wird

Kaltvergärung: bei der Vinifizierung von Weißwein zum Einsatz kommende Gärmethode, um möglichst viele Aromen zu erhalten. Auf diese Art vergorene Weine riechen zuweilen nach Sorbet und Eisbonbons

Kohlensäuremaischung: Verfahren bei der Rotweinherstellung, durch das fruchtige und weiche Weine entstehen. Die Vergärung beginnt in einem mit Kohlensäure gefüllten Tank durch Zugabe unverletzter Trauben. Der Sauerstoff wird vollständig verdrängt, und die Gärung erfolgt intrazellulär, in den Saftzellen des Fruchtfleischs

Konzentration: kellertechnisches Verfahren, bei dem der Wasseranteil im Most oder Wein reduziert wird, um das Verhältnis zwischen Aromastoffen und Flüssigkeit zu verbessern

Kryomazeration: Hülsenmaischung (siehe dort) bei niedrigsten Temperaturen, um ein längeres Verweilen des Weißweins auf der Maische zu ermöglichen

Kurzzeiterhitzung: Gärtechnik, bei der durch leichte Erhitzung der Maische mehr Farbstoffe aus den Schalen gelöst werden

Lese, späte: bewusst späte Ernte der Trauben, die dann teilweise oder stark mit Botrytis befallen sind

Malolaktische Gärung: Der Abbau der stechenden Apfelsäure zur weicheren Milchsäure durch den Einfluss von Milchsäurebakterien ergibt mildere Weine

Mazeration: Extraktion von Schalen und Gerbstoff vor der Vergärung, um Farbe und Aromen zu intensivieren

»Micro-Bullage«: Durchlüftung des reifenden Weißweins im Edelstahltank mit etwas Sauerstoff, um eine ähnliche Weichheit zu erzielen, wie bei einem im Holzfass gereiften Wein

ökologischer Weinbau: Traubenanbau unter Verzicht auf Kunstdünger, Fungizide und Insektizide; am ausgeprägtesten in Gestalt des biodynamischen Weinbaus

Passito: Weinbereitungsart, bei der getrocknete Trauben verwendet werden, um den Zuckergehalt zu erhöhen

Pasteurisierung: Erhitzung des Weins, um Mikroorganismen zu zerstören

Presswein: Wein, der durch das Auspressen des Tresters gewonnen wird. Er ist weniger hochwertig, weil er harte Gerbstoffe enthält, kann aber als Farb- oder Tanningeber den Abtropfmost verbessern

Reduktiver Ausbau: Weinalterung unter weitgehendem Sauerstoffausschluss

Reinzuchthefen, geschmacksverbessernde: spezielle Hefen, die die Entwicklung gewisser Geschmacksstoffe fördern. Sie halten sich jedoch kaum länger als 6–12 Monate im Wein

Restzucker: Zucker, der nach Abschluss der Gärung im Wein verbleibt

Schönung: Die Zugabe eines Schönungsmittels vor der Abfüllung bewirkt, dass unerwünschte, gelöste Stoffe in einen festen Zustand überführt und dann entfernt werden können

Schutzgastechnik: Minimierung des Sauerstoffkontakts während der Vinifizierung, um fruchtigere Weine zu erhalten

Sommerschnitt: Entfernen von grünen Trauben einige Wochen vor der Ernte, um die Zuckerkonzentration in den verbleibenden Beeren zu verbessern

Sur Lie: auf der Hefe vergorene Weine, die dadurch ein besonderes Aromaprofil gewinnen

Süßreserve: Traubenmost, der zum Süßen von Wein verwendet wird

Terroir: Fachausdruck aus dem Französischen, der das Zusammenspiel von Boden, Klima und Lage umschreibt

Umkehrosmose: Konzentrationsmethode, bei der die Unterschiede im Molekulargewicht von Zucker und Wasser genutzt werden, um dem vergorenen Most Wasser zu entziehen

Umwälzen der Maische: Der Winzer kann auf verschiedene Verfahren zurückgreifen, um den Most mit dem im Tank hochtreibenden Tresterhut (zusammenklebende Schalen) in Kontakt zu bringen. Zu den wichtigsten zählen das häufige Unterrühren der Schalen, das Umwälzen, bei dem der Most aus dem unteren Teil des Tanks über den Tresterhut gesprüht wird, oder das Herunterdrücken des Tresterhuts in den Most

Unterstampfen: regelmäßiges Hinunterdrücken des Tresterhuts in den gärenden Traubenmost, um die Extraktion von Farbe und Tannin zu verbessern. Gilt als das schonendste Verfahren

Vakuumverdampfung: physikalisches Konzentrationsverfahren, bei dem ein Teil des Wassers im Traubenmost unter Niedrigtemperatur im Vakuum verdunstet

Verschnitt, Assemblage: Mischen von unterschiedlichen Grundweinen, um ein hochwertigeres Endprodukt oder einen bestimmten Weintyp zu erhalten

Vorklärung: Entfernen von Feststoffen vor der Gärung eines Weißweins

Vorlaufwein: qualitativ hochwertiger Traubenmost, der nur durch das Eigengewicht der Trauben aus der Kelter läuft

Weinsprache

Abgang: Geschmackseindruck, der nach dem Schlucken oder Ausspucken des Weins im Mund zurückbleibt (siehe auch Finish)

adstringierend: hoher Gehalt an Tanninen im Wein führt zum Zusammenziehen des Gaumens und dem Gefühl einer trockenen, pelzigen Mundschleimhaut

animalisch: Gruppe von Aromastoffen (beispielsweise Leder oder Wild)

Aroma: bezeichnet den traubigen Duft und Geschmack von jungen Weinen. Von Burgund ausgehend, hat sich die Unterscheidung in Primäraroma für die Fruchtnoten eines Jungweins, Sekundäraroma für die Vinifizierungsaromen und Tertiäraroma für das Bukett eines Weins auf der ganzen Welt verbreitet

Aromarad: von Professor Ann Noble Anfang der 1980er-Jahre entwickeltes Diagramm der Aromastoffe und ihrer Zusammengehörigkeit, mit dem die Weinsprache klarer strukturiert werden kann

aromatisch: sehr feingliedriger, ansprechender Duft

aufdringlich: wenig eleganter Duft (etwa nach billiger Eiche), nicht fehlerhaft, aber ohne Finesse

ausdruckslos: schwacher, wenig ansprechender Geruch

bitter: unangenehmer Geschmackseindruck, der zu einem schlechten Nachgeschmack führen kann

blumig: intensiver Duft mit großer Eleganz und Charakter

Böckser: Weinfehler, Wein, der nach Abwasser, Knoblauch oder faulen Eiern riecht

Bodensatz: sichtbare Ablagerung am Flaschenboden

Brillanz: Klarheit eines Weins

Bukett: Duft eines gereiften Spitzenweins

buttrig: Komponente, die auf eine malolaktische Gärung des Weins hindeutet

duftig: zarter Duft nach feingliedrigen Aromen

dünn: wässriger Wein, nicht gerade ausgetrocknet, aber ohne Geschmack, vor allem im Vergleich zu seinem Duft, der mehr versprochen hatte

edelfaul: Dessertweine werden aus Trauben gekeltert, die von Edelfäule befallen waren. Sie geben dem Wein eine üppige Struktur mit Honig- und Röstaromen

eindringlich: kraftvoller, aber wenig eleganter Duft

fest: bezieht sich entweder auf den Gerbstoffgehalt oder die Gesamtstruktur des Weins; beschreibt strenge, aber reife Tannine oder einen körperreichen, soliden Wein

fett: Wein mit einer besonders reichhaltigen Struktur

Finish: Geschmackseindruck, der nach dem Schlucken oder Ausspucken des Weins im Mund zurückbleibt

flach: schlaffe Struktur mangels Säure. Wird auch verwendet, um einen Sekt zu beschreiben, der nicht mehr perlt

Flaschenalter: typische Aromen, die aufgrund von chemischen Veränderungen während der Lagerung unter Sauerstoffabschluss in der Flasche entstehen

Flaschenton: schaler Geruch, der gelegentlich bei frisch geöffneten Flaschen auftritt, aber nach dem Lüften wieder verschwindet

fleischig: recht üppiger Wein, weder harmonisch noch zu kantig

floral: Gruppe von Aromastoffen (beispielsweise Rose, Veilchen)

flüchtige Säure: Fehler, der dem Wein einen Geruch nach Nagellack oder Klebstoff verleiht

frisch: Wein mit ansprechender Säure, vergleichbar mit knackig (siehe dort)

fruchtbetont: voll jugendlichem Aroma

fruchtig: beschreibt eine Gruppe von Aromastoffen (beispielsweise Apfel, Cassis); wird aber leider oft als Begriff dafür verwendet, dass ein Wein angenehm riecht

frühreif: Wein, der sich schneller entwickelt hat, als er es sollte

gemachter Wein: Wein mit einer seltsamen Farbe, die nicht natürlich, sondern künstlich wirkt

gerbstoffbetont: adstringierender Geschmackseindruck, der den Mund zusammenzieht und bei übermäßig viel Tannin ein Gefühl von Trockenheit hervorruft

geschmeidig: leichte bis mittelschwere Weine mit feingliedrigem Körper

gewöhnlich: einfache Struktur, scharf oder hart

glanzhell: Wein mit heller, klarer Färbung

Gleichgewicht: Harmonie zwischen den einzelnen Geschmackskomponenten

grob: schlechte Struktur, zu viel Säure oder Tannin, dazu ein bitterer Nachgeschmack

groß: besonders extrakt- und körperreicher Wein

grün: zu viel Säure verleiht dem Wein eine unangenehme Schärfe

harmonisch: ausgeglichene, reiche und weiche Struktur und Tannine

hart: zu viel Tannin ergibt einen rauen Wein

Hefeton: besonders bei guten Schaumweinen typischer Geschmack nach frischer Hefe, der durch die Reifung auf der Hefe entstanden ist

hefig: nach Brot riechend

holzig: Wein mit deutlichem Holzgeruch, vor allem nach neuer Eiche

Intensität: bezieht sich entweder auf die Farbtönung, den Duft oder den Geschmack

jugendlich: Wein mit sehr lebhaftem Duft und häufig unreifer Farbe

kantig: vollmundiger Wein mit festen, aber reifen Tanninen

klar: Wein ohne Trübungen

knackig: erfrischender und ansprechender Geschmackseindruck, der auf merkliche Säure zurückzuführen ist; wird gern als Bezeichnung für leichte, trockene Weißweine verwendet

kompakt: sehr solider, aromareicher Wein mit viel Tannin

komplex: Spitzenwein mit herrlichem Bukett, leider wird dieser Begriff oft zu großzügig verwandt

Konzentration: Intensität der Geschmacksstoffe

Kork: schwerwiegender Weinfehler, der den Duft eines Weins mit einem unangenehmen, modrig-dumpfen Geruch übertönt

Körper: Gehalt eines Weins (denken Sie an Magermilch im Vergleich zu Vollmilch)

körperreich: ein kraftvoller, samtiger Wein

krautig: leicht krautiger Geruch und harte Struktur

kräutrig: Gruppe von Aromastoffen (beispielsweise grasig, Heu)

künstlich: kein sehr eleganter Duft, der »gemacht« wirkt; kann auch das unnatürliche Aussehen eines Weins beschreiben

kurz: Wein mit zu wenig Abgang

lang: beschreibt den Abgang eines Weins, große Weine haben einen langen und schönen Abgang

Länge: anhaltender Geschmackseindruck, der nach dem Schlucken oder Ausspucken eines Weins im Mund zurückbleibt (bezogen auf Dauer und Qualität)

leicht: bezieht sich auf den Körper eines Weins; leichte Weine haben häufig weniger Alkohol (jedoch nicht unbedingt)

madérisiert: oxidierter Weißwein mit sehr dunkler Farbe und Madeira ähnlichem Aroma

mastig: Süßweine, deren Gehalt an Restzucker nicht durch genügend Säure balanciert wird

mineralisch: Aromengruppe (etwa Feuerstein)

»Mouthfull wheel«: Vom Australian Wine Research Institute entwickeltes Geschmacksdiagramm, das die Weinsprache erklären soll

Nachgeschmack: Geschmackseindruck, der nach dem Schlucken oder Ausspucken eines Weins im Mund zurückbleibt (bezogen auf Dauer und Qualität)

neutral: Wein mit wenig Aroma, kann aber dennoch genussvoll sein

opulent: vollmundiger Wein mit sehr üppigem Körper

oxidiert: durch Kontakt mit Sauerstoff beeinträchtigter, flacher Wein mit dunkler Farbe und verbrauchtem Geschmack

parfümiert: sehr aromatisch und elegant, ohne aufdringlich zu sein

reich: kann »süß« bedeuten, wird aber meist für eine üppige Struktur verwendet

reif: weicher Körper und weiche Tannine

robust: vollmundiger, muskulöser Wein

roh: aromenloser Wein, nur Säure und/oder Tannine sind präsent

rund: vollmundiger Wein mit harmonischer Struktur

saftig: lebhafter Wein mit viel Frucht, ausreichend Säure und erfrischendem Geschmack

samtig: feine, reiche, harmonische Struktur und große Eleganz

sauber: fehlerfreier Geruch und Geschmack

säurebetont: Wein mit aggressiver Säure und scharfem Geschmack

scharf: hoher Säuregehalt, ungefällig

schlaff: ungenügende Säuregradation

schlank: Wein mit wenig Geschmack und Körper

schlicht: nicht sonderlich charaktervoll, aber auch nicht ungefällig

schlierig: fehlerhafter Wein (beispielsweise mit Eiweißschleier)

schwefelig: fehlerhafter Wein mit Geruch nach Schwefeldioxid, in der Nase und am Gaumen stechend

schwer: übermäßig fülliger Wein mit zu hohem Alkoholgehalt, daher unharmonisch

seidig: sehr weiche, feingliedrige Struktur

sortentypisch: für die Traubensorte typisches Aromen- und Geschmacksprofil

spröde: hartes Gefühl am Gaumen

stahlig: vollmundiger Weißwein mit überaus kraftvollem Körper und merklicher Säure

streng: hart, zu viel Tannin

süß: viel Restzucker

synthetisch: wenig eleganter Duft, der »gemacht« ist

Tiefe: nuancenreicher, komplexer Geschmack

Tränen: Schlieren, die der Wein nach dem Schwenken an der Glaswand hinterlässt; alkoholreiche Weine hinterlassen stärkere Schlieren; dies kann ein Indiz für einen opulenten Körper sein, muss aber nicht

traubig: wenig charaktervoller, leicht alkoholbetonter Duft, aber nicht ungefällig

trocken: Wein, der nur ein Mindestmaß an Restzucker enthält

trüb: durch Unreinheiten oder Trub fehlerhaftes Aussehen eines Weins

ungelenk: Wein, dem es ein wenig an Struktur, Säure oder Tannin fehlt

unreif: noch nicht trinkreif oder noch nicht auf dem Höhepunkt

üppig: besonders aromatischer Wein

vegetativ: Gruppe von Aromastoffen (beispielsweise laubig); der Begriff kann aber auch für leicht unreife Aromen verwendet werden

verhalten: Wein mit Potenzial, der sich aber noch in der Entwicklung befindet und im Moment wenig positiv wirkt

verschlossen: leichte bis mittelschwere Weine mit beherrschender, aber harmonischer Säure oder festen, reifen Tanninen

viskos: reicher Wein mit großer Dichte

vollmundig: Wein mit viel Charakter und Extrakt

weich: feine Gerbstoffe oder Struktur eines leichten bis mittelschweren Weins

Weinstein: kleine Kristalle im Wein, die zerbrochenem Glas (im Weißwein) oder kleinen Rubinen (im Rotwein) ähneln

würzig: Gruppe von Aromastoffen (beispielsweise Ingwer, Nelken)

zäh: harter Körper aufgrund unreifer Tannine

zurückhaltend: Wein, der in der Entwicklung nicht seinem Alter entspricht

W e i n l i t e r a t u r

Beckett, Fiona: *Wein(ver)führer.* Christian Verlag 2000

Beckett, Fiona: *Wein, die richtige Wahl.* Hallwag 2. Aufl. 1999

Bernstein, Leonard S.: *Amüsanter Leitfaden für den perfekten Weinkenner.* Müller Rüschlikon 1990

Broadbent, Michael: *Meine Lieblingsweine.* Falken 1998

Broadbent, Michael: *Michael Broadbent's Weinnotizen.* Hallwag 1994

Broadbent, Michael: *Weine. Prüfen, kennen, genießen.* Hallwag 8. Aufl. 1999

Broadbent, Michael und Christopher Foulkes: *Weinenzyklopädie. Die Weinregionen der Welt.* Eco Verlag 2000

Casamayor, Pierre, Michel Dovaz, Jean-Francois Bazin: *Edle Tropfen. Die 100 teuersten Weine der Welt.* Müller Rüschlikon 1994

Clarke, Oz: *Clarke's Großer Weinatlas.* Droemer/ Knaur 2001

Clarke, Oz: *Clarke's großer Weinführer.* Droemer/ Knaur 1999

Clarke, Oz: *Clarke's kleine Weinschule.* Droemer/ Knaur 2000

Clarke, Oz: *Clarke's kleiner Weinführer 2001.* Droemer/Knaur 2000

Clarke, Oz: *Frankreich, Rotweine.* Müller Rüschlikon 1993

Clarke, Oz: *Weine aus aller Welt.* Müller Rüschlikon 1992

Clarke, Oz und Steven Spurrier: *Clarke's edelste Weine der Welt.* Droemer/Knaur 1999

Coates, Clive: *Burgund.* Droemer/Knaur 1998

Halliday, James und Hugh Johnson: *Wie Wein entsteht.* Hallwag 1993

Jefford, Andrew: *Wege zum Wein.* Hallwag 2001

Johnson, Hugh: *Der große Johnson.* Gräfe & Unzer/ Hallwag 2001

Johnson, Hugh: *Hugh Johnsons Weingeschichte.* Hallwag 1990

Johnson, Hugh: *Der kleine Johnson für Weinkenner 2001.* Hallwag 2000

Johnson, Hugh: *Mein Weinkeller.* Hallwag 1999

Johnson, Hugh: *Der neue Weinatlas.* Hallwag 1999

Johnson, Hugh: *Wein genießen mit Hugh Johnson.* Hallwag 1999

Johnson, Hugh und Hubrecht Duijker: *Atlas der französischen Weine.* Hallwag 1998

Johnson, Hugh und Stuart Pigott: *Atlas der deutschen Weine.* Hallwag 1999

Parker, Robert M.: *Parker's Wein Guide.* Heyne 2000

Parker, Robert M.: *Parker's Wein-Guide Frankreich.* Heyne 2001

Peynaud, Emile: *Die Hohe Schule für Weinkenner.* Müller-Rüschlikon 2. Aufl. 1995

Pigott, Stuart: *Die führenden Winzer und Spitzenweine Deutschlands.* Econ 2. Aufl. 1998

Scheuermann, Mario: *Die großen Weine des Jahrhunderts.* Falken 1999

Simon, Joanna: *Wein entdecken mit Joanna Simon.* Hallwag 3. Aufl. 1998

Stevenson, Tom: *Champagner, Sekt, Prosecco & Co.* Dorling Kindersley 2000

Stevenson, Tom: *Sekt & Champagner.* Könemann 1999

Robinson, Jancis: *Rebsorten und ihre Weine.* Hallwag 2. Aufl. 1998

Robinson, Jancis: *Jancis Robinsons Weinkurs. Der ideale Zugang zur faszinierenden Welt des Weins.* Hallwag 1996

Robinson, Jancis: *Das Oxford Weinlexikon.* Hallwag 1995

R e g i s t e r

Dank des Autors

Mein Dank gilt vor allem sechs Freunden, die das Manuskript lasen, für ihre wertvolle und konstruktive Kritik:
Etienne Akar (auch mit seinen Recherchen war er mir eine große Hilfe), Tim Atkin, Henri Chapon MS (der mir bei Computerproblemen beistand), Chris Foss, Lance Foyster MW und Bill Knott. Am einen oder anderen Punkt meiner Laufbahn gaben mir bestimmte Leute äußerst nützliche Tipps, insbesondere, was das Thema Degustation angeht; auch ihnen möchte ich danken: David Apel, Richard Bampfield MW, Jeremy Bennett, Paul Brunet, Davis Burns MW, Daniele Carre-Cartal, John Casson MW, Michele Chantome, John Downes MW, Serge Dubs, Philippe Faure-Brac, Dr. Annick Faurion, Frederic Feyler, Vincent Gasnier MS, Neil Dadley MW, John Hoskins MW, Jane Hunt MW, Jean-Claude Jambon, Robert Joseph, Brian Julian MS, Claude Laage, Victor Ladonenko, Barry Larvin MS, Richard Lashbrook MW, Matthieu Longuere, Franck Massard, Patrick McGrath MW, Charles Metcalfe, Laurent Metge, Nick Mobbs, David Molyneux-Berry MW, Liz Morcom MW, Patrick Pages, Mark Pardoe MW, David Peppercorn MW, Fiona Roberts MW, Serena Sutcliffe MW, Geoff Taylor, Franck Thomas, Anne Tupker MW, Mark Walter, Clas Robert Wulff und Eric Zwiebel. Schließlich danke ich meiner Verlegerin Kyle Cathie und meiner Lektorin Helen Woodhall für ihre Geduld und großartige Unterstützung; dem Redakteur Morag Lyall, dem Gestalter Geoff Hayes und der Marketingmanagerin Julia Scott für ihre hervorragende Arbeit; Jean und Tony Howe dafür, dass sie mir einen Platz besorgten, wo ich in Ruhe arbeiten konnte; Alison Thorne und Michael Sworder für die freundliche Genehmigung, einen Text zu benützen, den ich 1977 für sie in *How to be Your Own Sommelier* schrieb.
Un grand merci geht schließlich an meinen zweiten Geschäftspartner Peter Chittick, meine persönliche Assistentin Victoria Norris und das ganze Team vom Hotel du Vin.

Dank des Verlags

Der Verlag dankt für die freundliche Genehmigung der Wiedergabe folgender Fotos:

5, 22, 26, 32, 35, 37, 40, 59, 62, 68, 73 und 74 Geoff Hayes; 79 James Sellers; 93 Geoff Hayes; 102 CEPHAS/Mick Rock; 106 CEPHAS/Wine Magazine; 111 James Sellers; 115 CEPAHS/Mick Rock; 116 James Sellers; 119 Geoff Hayes; 120 CEPHAS/Kevin Judd; 123 *unten* Geoff Hayes; 135 Geoff Hayes; 139 James Sellers; 164 CEPHAS/Mick Rock; 171 Geoff Hayes; 174 James Sellers; 177 James Sellers.

Dank sei auch den Zuständigen in Harvey's Wine Museum, Bristol, gesagt für die freundliche Genehmigung, Ausstellungsstücke sowie eine laufende Degustation zu fotografieren.